2014
政策热点面对面

辛向阳　陈建波等　著

中国言实出版社

图书在版编目(CIP)数据

2014 政策热点面对面 / 辛向阳,陈建波等著. -- 北京 : 中国言实出版社, 2014.5

ISBN 978-7-5171-0445-2

Ⅰ. ①2… Ⅱ. ①辛… Ⅲ. ①时事政策教育—中国—学习参考资料 Ⅳ. ①D643

中国版本图书馆 CIP 数据核字(2014)第 044814 号

责任编辑: 肖 彭

出版发行 中国言实出版社

地 址: 北京市朝阳区北苑路 180 号加利大厦 5 号楼 105 室

邮 编: 100101

编辑部: 北京市西城区百万庄大街甲 16 号五层

邮 编: 100037

电 话: 64924853 (总编室) 64924716 (发行部)

网 址: www.zgyscbs.cn

E-mail: zgyscbs@263.net

经 销 新华书店

印 刷 三河市祥达印刷包装有限公司

版 次 2014 年 5 月第 1 版 2014 年 5 月第 1 次印刷

规 格 710 毫米 × 1000 毫米 1/16 13 印张

字 数 135 千字

定 价 29.00 元 ISBN 978-7-5171-0445-2

CONTENTS 目录

第一篇

政府与市场的关系：决定中国未来发展的重大变革

说到政府与市场关系，李克强总理2013年11月1日在地方政府职能转变和机构改革工作电视电话会议上的讲话就会在耳边响起。他在讲话中举过一个政府部门过多干预市场的事例。他说："大家都看过报道，有人画了一张行政审批的'万里长征图'，办一个企业，上一个项目，要盖上百个公章，不仅如此，还被'吃拿卡要'。中央有关部门接到投诉，经查核，有这样一个情况。北京一所高校的一位毕业生，回到家乡创业，办一个书店，在多个部门跑了30多趟，花了不少钱，历时三个多月，总算办起来了。但开业后，各种检查、收费、罚款就跟着来了，没钱就拿书，最多的一次拿走了140多本。最后，他一气之下关门不干了。我们非常希望在大城市上学的大学生，毕业后回到家乡创业，带动当地就业。但如果没有一个好的环境，他们怎么回去创业呢？"解决李克强总理提到的这类难题的最根本之道就是使市场的作用得到充分发挥。

一、市场在资源配置中作用的变化：从基础性到决定性

如果在资源配置中市场不能发挥决定性作用，而是让行政权力发挥决定性作用，结果就是企业活力得到遏制。这是世界各国发展存在的一个普遍现象。纵观世界历史，我们会发现，经济的停滞往往是由

于政府机构和职责的过度扩张造成的，政府的职能无限度地侵入经济领域会使经济失去活力。马克斯·韦伯在《作为经济停滞因素的印度宗教、种姓的官僚专制政治》一文中指出，印度经济在近代以前之所以长期陷入停滞，一个重要原因就是政权对经济无节制地干预。他讲："所有居民都要登记上自己的种姓、氏族、职业、财产和收入，需要有身份证件并终生受到监督；戏院、音乐队、酒店和旅舍都受到各种各样的限制。政府的暗探随时向官方报告一般臣民私生活的细节。"不仅如此，国王也参与贸易经营，政府的市场警吏控制了价格，最终的结果就是经济的不发展。

20世纪80年代初，秘鲁经济学家埃尔南多·德索托发表了一本记录知识分子与商人之间流行的改革思想的著作——《另一条道路》。这本书有一个基本的发现，那就是，国家为经济活动制定了超过50万种的法规与行政命令。这些烦琐的行政管制严重地制约了企业的诞生与成长。德索托及其同仁做了一个不同寻常的实验，以便看看在这样一个严密控制的复杂体制下，成立一个小企业到底会有多艰难。他们在秘鲁首都利马建立了一个有两台缝纫机的小作坊，然后申请注册。他们在报告中写道："注册这个作坊耗时289天，需要4个全天工作的人来完成这项任务，花费了1231美元，按当时价格计算，这相当于一个人32个月的最低工资。对于任何要通过常规办法来合法注册一个小工厂的人来说，代价实在是太高了。"32个月不吃不喝积累下来的资金，可以办一个有两台缝纫机的小公司，这是20世纪80年代初秘鲁的状况。到21世纪的今天，秘鲁经商办企业的状况仍没有明显改变。中铝公司在2007年以8.6亿美元从当地一家外国公司手里购买了一个大型铜矿项目，需要投资22亿美元，原计划在2013年年底投产开工。为什么需要这么长时间或更长时间才能投产呢？秘鲁知名华人、秘鲁中资企业协会理事吴剑说："当你从政府那里购买了地下深处的开采权，你还得跟当地原住民谈判矿区项目的地面使用权。中铝公司目前已经解决了95%的原住民的移民问题，可老的居民还没有完全搬走，新的非法居民又偷偷进来了，问题没完没了。一个开矿项目，从签订合同到投产，至少需要有200个许可证。”[①]200个许可证，浪费多少时间，国家经济如何发展？1980年的秘鲁人均GDP是1192美元，到了2011年达到了5100美元。30年增加了4000美元，每年仅仅增加100多美元。

相反，1980年中国的人均GDP只有300美元左右，而到了2011年底，中国的人均GDP已经超过6000多美元。中国之所以能够取得这样的成就，一个重要原因就是不断推动市场化改革。1993年党的十四届三中全会通过的《中共中央关于建立社会主义市场经济体制若干问题的决定》指出：建立社会主义市场经济体制，就是要使市场在国家宏观调控下对资源配置起基础性作用。经过近20年的努力，市场配置资源基础性作用的发挥使中国经济得到了持续稳定发展。

2013年11月党的十八届三中全会通过的《中共中央关于全面深化改革若干重大问题的决定》指出：紧紧围绕使市场在资源配置中起决定性作用深化经济体制改革，坚持和完善基本经济制度，加快完善现代市场体系、宏观调控体系、开放型经济体系，加快转变经济发展方式，加快建设创新型国家，推动经济更有效率、更加公平、更可持续发展。

什么是市场的决定性作用？这至少包括三个方面：第一，在涉及资源配置上，在政府与市场的关系上，市场作用是决定性，政府作用是补充性的。第二，由市场决定劳动、知识、技术、资本、土地等生产要素流动、交易、组合和配置，这种配置最具效率。经济发展就是要提高资源尤其是稀缺资源的配置效率，以尽可能少的资源投入，生产尽可能多的产品、获得尽可能大的效益。理论和实践都证明，市场配置资源是最有效率的形式。第三，市场决定资源配置是市场经济的一般规律，市场经济本质上就是市场决定资源配置的经济。健全社会

---

①朱幸福：《若要在秘鲁投资成功，首先要当好社会工作者》，发表于《文汇报》2013年1月27日。

主义市场经济体制必须遵循这条规律，着力解决市场体系不完善、政府干预过多和监管不到位等问题。

二、背水一战：市场化改革有助于解决中国式难题

2013 年 11 月 15 日，习近平总书记在就《中共中央关于全面深化改革若干重大问题的决定》向全会作说明时指出："作出'使市场在资源配置中起决定性作用'的定位，有利于在全党全社会树立关于政府和市场关系的正确观念，有利于转变经济发展方式，有利于转变政府职能，有利于抑制消极腐败现象。"

进入 21 世纪第二个十年，中国经济社会发展遇到一系列难题。2013 年 9 月 17 日在中南海召开党外人士座谈会时，习近平指出："中国共产党人干革命、搞建设、抓改革，从来都是为了解决中国的现实问题。可以说，改革是由问题倒逼而产生，又在不断解决问题中而深化。"在受中央政治局委托，就《中共中央关于全面深化改革若干重大问题的决定》向三中全会作说明时，习近平再次指出："改革是由问题倒逼而产生，又在不断解决问题中得以深化。"又说："35 年来，我们用改革的办法解决了党和国家事业发展中的一系列问题。同时，在认识世界和改造世界的过程中，旧的问题解决了，新的问题又会产生，制度总是需要不断完善，因而改革既不可能一蹴而就、也不可能一劳永逸。"什么问题倒逼我们了？习近平指出："发展中不平衡、不协调、不可持续问题依然突出，科技创新能力不强，产业结构不合理，发展方式依然粗放，城乡区域发展差距和居民收入分配差距依然较大，社会矛盾明显增多，教育、就业、社会保障、医疗、住房、生态环境、食品药品安全、安全生产、社会治安、执法司法等关系群众切身利益的问题较多，部分群众生活困难，形式主义、官僚主义、享乐主义和奢靡之风问题突出，一些领域消极腐败现象易发多发，反腐败斗争形势依然严峻，等等。"这些问题可以归纳为六大问题。

第一个难题：经济"高、血、压"。所谓经济"高"是指：经济发展的高能耗、高污染、高成本，“血”是指发展中带来的非正常死亡人数过多，“压”是指经济社会发展中压力大（资源压力、土地压力、环境压力、空间压力、工作压力）。具体来说：(1)高耗能、高污染、高成本严重制约经济的可持续发展。1979—2012年中国GDP年均增长9%，是世界上增长速度最快的国家。但我国单位GDP的能耗过高。2013年11月29日，中国工程院院士、原能源部副部长陆佑楣在2013能源峰会暨第五届中国能源企业高层论坛上透露：2012年我国一次能源消费量36.2亿吨标煤，消耗全世界20%的能源，单位GDP能耗是世界平均水平的2.5倍，美国的3.3倍，日本的7倍，同时高于巴西、墨西哥等发展中国家。中国每消耗1吨标煤的能源仅创造14000元人民币的GDP，而全球平均水平是消耗1吨标煤创造25000元人民币GDP，美国的水平是31000元人民币GDP，日本是50000元人民币GDP。不仅如此，我国环境污染损失约占GDP的3%—8%，生态破坏（草原、湿地、森林、土壤侵蚀等）约占GDP的6%—7%。大气和水质污染影响居民生活质量，损害居民健康。经合组织测算，中国环境污染造成疾病和早亡的损失占GDP的13%。高速增长的GDP，如果扣除过高的环境代价，实际发展不是高速度，而是低速度。(2)发展带来的非正常死亡人数过多。国家安监总局局长杨栋梁在2013年1月全国安全生产工作会议上介绍：2012年全国发生安全事故33万起，几乎每天要接近1000起。共死亡72000人，平均每天200人在事故中丧生。重特大事故时有发生，2012年是59起，平均6天左右一起。中国从2009年以来，每年因为交通事故造成的死亡人数在6—7万人之间。两者加起来达到近14万人。(3)经济社会发展的压力大。中国社会是一个具有强烈内在紧张的社会：经济发展中的紧张，包括经济增长速度的紧张、资源短缺的紧张；社会结构性紧张，人们普遍感觉社会在某些方面出了问题，通常集中于一些具有普遍性意义的社会问题上，如社会不平等、不公正等；环境空间拥挤，环境容量不足，城市承载力比较弱。

第二个难题：利益“铁藩篱”。2012 年 12 月，习近平总书记在广东考察工作时指出：“我们要坚持改革开放正确方向，敢于啃硬骨头，敢于涉险滩，既勇于冲破思想观念的障碍，又勇于突破利益固化的藩篱。”2013 年 7 月 23 日在湖北考察工作时，他强调指出：“必须以更大的政治勇气和智慧，不失时机深化重要领域改革，攻克体制机制上的顽瘴痼疾，突破利益固化的藩篱。”所谓“利益藩篱”就是好的获利机会、能够获利的市场空间很多已经被利益集团所垄断、所控制，普通百姓很难进入这样的领域。

第三个难题：制度“天花板”。有些制度原本是为了激励人才更多更好地出成果而建立，但由于制度会带来很多的附加利益，包括收入、住房、交通以及医疗等方面的高收益，于是制度的受益者就会长期地占有或者终身占有该利益。后来的年轻人就会逐渐被制度堵死发展的空间。

第四个难题：社会流动缓慢化。中共中央政治局常委刘云山 2013 年 11 月 19 日在《人民日报》上发表的《加强和改善党对全面深化改革的领导》一文中指出：当前一定程度上出现了社会分层“凝固化”和社会流动“缓慢化”现象。“越过龙门的鲤鱼”越来越少；社会阶层间的堤坝越来越高，向上流动性减弱；“萝卜招聘”越来越普遍；相当多优质岗位都被有关系者所占据。阶层之间的话语开始不投机，阶层之间的歧见在加深。

第五个难题：社会分层“凝固化”。随着中国经济社会的发展，一些新的社会群体正在出现。在 2013 年 8 月 19 日全国宣传思想工作会议上，习近平指出要关注蚁族、北漂、海归、海待、散户等社会上新出现的人群。刘云山同志在 2013 年 11 月 19 日的《人民日报》上发表的文章中也指出：认真研究工人、农民、干部、知识分子等不同群体的利益诉求和政策诉求，包括注意关注蚁族、北漂、海归、海待、散户等社会上新出现的人群。

第六个难题：腐败高发易发。35 年来，超过 150 名省部级以上官员因贪腐行为遭到查处。“老虎”人数持续增加，涉贪金额节节攀高。公开资料统计，2003年至2007年的5年间，共有35名副部级以上官员落马，年均7人。2008年至2012年的5年间，共有30多名副部级以上官员落马。到2014年3月初，“十八大”后落马的副省级以上官员已有21位。2008年1月以来，每年200厅局级官员被查。

三、壮士断腕：加快政府职能转变

（一）大幅度减少政府对资源的直接配置，使市场发挥空间不断扩大

大幅度减少政府对资源的直接配置是市场经济一般规律和中国社会主义市场经济特殊规律的必然要求。市场经济一般规律的内容是什么？大幅度减少政府对资源的直接配置，推动资源配置依据市场规则、市场标准、市场价值、市场价格、市场竞争实现效益最大化和效率最优化。健全社会主义市场经济体制必须遵循这条规律。中国社会主义市场经济的特殊规律是什么？一个“凡是”和两个“一律”：凡是能由市场形成价格的都交给市场，政府不进行不当干预；市场机制能有效调节的经济活动，一律取消审批，对保留的行政审批事项要规范管理、提高效率；企业投资项目，除关系国家安全和生态安全、涉及全国重大生产力布局、战略性资源开发和重大公共利益等项目外，一律由企业依法依规自主决策，政府不再审批。

一年来，新一届中央政府就是在遵循这些规律的基础上运行的。2013年3月李克强上任总理伊始就向社会承诺，本届政府至少要取消和下放1/3的部门行政审批事项，即567项。从2013年3月至2014年2月底，国务院机构改革有序实施，分批取消和下放了416项行政审批等事项，修订政府核准的投资项目目录，推动工商登记制度改革。仅用一年时间，新一轮行政审批制度改革已完成70%。2013年4月24日，国务院常务会议决定第一批先行取消和下放71项行政审批项目等事项，重点是投资、生产经营活动项目。2013年5月6日，

国务院常务会议决定在第一批取消和下放 71 项行政审批项目等事项基础上，再取消和下放 62 项行政审批事项。2013 年 6 月 19 日，机构改革涉及的新组建部门“三定”已全部完成，在这些部门“三定”中又取消和下放了 32 项行政审批等事项。2013 年 9 月 25 日，为深入推进政府职能转变，持续释放改革红利，国务院常务会议决定再取消和下放 75 项行政审批事项。2014 年 1 月 8 日，国务院常务会议决定重点围绕生产经营领域，再取消和下放 70 项审批事项。

这些审批权的改革带来了巨大的经济与社会效益，正如李克强总理在第十二届全国人大二次会议上所作的《政府工作报告》中指出的那样：“各地积极推进政府职能转变和机构改革，大幅减少行政审批事项。扩大‘营改增’试点，取消和免征行政事业性收费 348 项，减轻企业负担 1500 多亿元。这些都为市场松了绑，为企业添了力，全国新注册企业增长 27.6%，民间投资比重上升到 63%。全面放开贷款利率管制，在全国进行中小企业股份转让系统试点。启动不动产统一登记。简政放权等改革，极大地激发了市场活力、发展动力和社会创造力。”

2014 年 2 月国务院印发《国务院关于取消和下放一批行政审批项目的决定》，取消和下放 64 项行政审批项目和 18 个子项。其中，取消基础电信和跨地区增值电信业务经营许可证备案核准、取消保险公估从业人员资格核准等事项，社会关注度高，申报量和审批量大，取消和下放后受益面较广。以取消基础电信和跨地区增值电信业务经营许可证备案核准为例，目前中国有 2557 家跨地区增值电信业务经营者，其中 2305 家跨地区移动网信息服务业务经营者，按照取消前备案核准管理要求，至少会设立 11525 家分公司或子公司，办理 71455 个备案申请，因此，取消该项审批，企业将减少分支机构设置、人员配备等，降低办事成本。

正是由于有这样巨大的效益，所以 2014 年政府工作的重要目标就是继续推进行政体制改革。进一步简政放权，这是政府的自我革命。李克强总理指出：今年要再取消和下放行政审批事项 200 项以上。深化投资审批制度改革，取消或简化前置性审批，充分落实企业投资自主权，推进投资创业便利化。确需设置的行政审批事项，要建立权力清单制度，一律向社会公开。清单之外的，一律不得实施审批。全面清理非行政审批事项。基本完成省市县政府机构改革，继续推进事业单位改革。在全国实施工商登记制度改革，落实认缴登记制，由先证后照改为先照后证，由企业年检制度改为年报公示制度，让市场主体不断迸发新的活力。

（二）更好发挥政府作用，用好政府这只“看得见的手”

市场在配置资源中发挥决定性作用是不是意味着政府可以当甩手掌柜了？不是。党的十八届三中全会明确指出：经济体制改革是全面深化改革的重点，核心问题是处理好政府和市场的关系，使市场在资源配置中起决定性作用和更好发挥政府作用。把国家意志与市场力量结合起来，把看不见的手与看的见的手结合起来，把国家智慧与市场行为结合起来。美国学者托马斯·弗里德曼在 1999 年 3 月 28 日的《纽约时报》发表题为《世界的宣言》的文章：“如果离开看不得见的拳头，市场这只看不见的手是绝不会发生作用的。麦当劳的兴盛离不开麦道（F15 战斗机生产商），为硅谷科技开路的看不得见的拳头，叫做美国陆军、空军、海军和海军陆战队。”要把基础工作与内在要求结合起来，把建设统一开放、竞争有序的市场体系与科学的宏观调控、有效的政府治理结合起来。建设统一开放、竞争有序的市场体系，是使市场在资源配置中起决定性作用的基础；科学的宏观调控，有效的政府治理，是发挥社会主义市场经济体制优势的内在要求。

明确政府的两条绿线：(1)职能绿线：政府的职责和作用主要是保持宏观经济稳定，加强和优化公共服务，保障公平竞争，加强市场监管，维护市场秩序，推动可持续发展，促进共同富裕，弥补市场失灵。加强对市场的科学监管、维护市场合理的秩序、有效弥补市场的失灵，是政府的三大职责。为了履行好这些职责，李克强总理在第十二届全国人大二次会议上所作的《政府工作报告》指出："加强事中事后监管。坚持放管并重，建立纵横联动协同管理机制，实现责任和权力同步下放、放活和监管同步到位。推广一站式审批、一个窗口办事，探索实施统一市场监管。加快社会信用体系建设，推进政府信息共享，推动建立自然人、法人统一代码，对违背市场竞争原则和侵害消费者权益的企业建立黑名单制度，让失信者寸步难行，让守信者一路畅通。"

(2)政绩绿线：完善发展成果考核评价体系，纠正单纯以经济增长速度评定政绩的偏向，加大资源消耗、环境损害、生态效益、产能过剩、科技创新、安全生产、新增债务等指标的权重，更加重视劳动就业、居民收入、社会保障、人民健康状况。

坚守政府的三条红线：(1)生态红线。党的十八届三中全会指出："划定生态保护红线。健全国家自然资源资产管理体制，统一行使全民所有自然资源资产所有者职责。完善自然资源监管体制，统一行使所有国土空间用途管制职责。"李克强总理在第十二届全国人大二次会议上所作的《政府工作报告》进一步指出："生态文明建设关系人民生活，关乎民族未来。雾霾天气范围扩大，环境污染矛盾突出，是大自然向粗放发展方式亮起的红灯。必须加强生态环境保护，下决心用硬措施完成硬任务。""我们要像对贫困宣战一样，坚决向污染宣战"。(2)安全生产红线，安全生产是人命关天的大事，是不能踩的"红线"。李克强总理在《政府工作报告》中强调："人命关天，安全生产这根弦任何时候都要绷紧。要严格执行安全生产法律法规，全面落实安全生产责任制，坚决遏制重特大安全事故发生。"(3)耕地红线。2013年12月12日—13日召开的中央城镇化工作会议指出："耕地红线一定要守住，红线包括数量，也包括质量。城镇建设用地特别是优化开发的三大城市群地区，要以盘活存量为主，不能再无节制扩大建设用地，不是每个城镇都要长成巨人。”在发展经济的同时，严守18亿耕地红线，是政府的职责所在。李克强总理在《政府工作报告》中强调：“坚守耕地红线，提高耕地质量，增强农业综合生产能力，确保谷物基本自给、口粮绝对安全，把13亿中国人的饭碗牢牢端在自己手中。”

明确政府的角色定位。具体来说，就是做好四个方面的工作：

第一个定位：优秀的产业领航员。政府要做三个工作：要辨别与挑选国家决心发展的产业；辨别与挑选最有潜力的企业来承担这些产业的发展；辨别与挑选最有效的方法来发展这些产业。应该说，这三个方面，中国政府改革开放30多年来一直做得很好。例如，30多年来，中国政府一直强调农业的基础地位，把农业作为最基础的产业来看待，始终认为“农业是安天下、稳民心的战略产业”。为了发展这一战略产业，党和政府针对改革不同时期面临的问题和阻力，先后制定出台了一系列“一号文件”：1982年的一号文件，明确指出包产到户、包干到户或大包干“都是社会主义集体经济生产责任制”；1983年1月，第二个中央一号文件《当前农村经济政策的若干问题》正式颁布，这个文件阐明了家庭联产承包责任制是中国农民的伟大创造；1984年1月1日，中共中央发出《关于一九八四年农村工作的通知》，即第三个一号文件，强调要继续稳定和完善联产承包责任制，延长土地承包期；1985年1月，中共中央、国务院发出《关于进一步活跃农村经济的十项政策》，即第四个一号文件，文件的中心内容是：调整农村产业结构，取消30年来农副产品统购派购的制度；1986年1月1日，中共中央、国务院下发了《关于1986年农村工作的部署》，即第五个一号文件，文件肯定了农村改革的方针政策是正确的，必须继续贯彻执行；2003年12月31日，中央下发《中共中央国务院关于促进农民增加收入若干政策的意见》，成为改革开放以来中央的第六个一号文件；2005年1月30日，《中共中央国务院关于进一步加强农村工作提高农业综合生产能力若干政策的意见》即第七个“一号文件”，文件要求，坚持“多予少取放活”的方针，稳定、完善和强化各项支农政策；2006 年 2 月，中央下发《关于推进社会主义新农村建设的若干意见》即第八个“一号文件”，提出统筹城乡经济社会发展，扎实推进社会主义新农村建设；2007 年 1 月，中央下发《中共中央国务院关于积极发展现代农业扎实推进社会主义新农村建设的若干意见》即第九个“一号文件”，提出“要增强危机感，坚持解决好‘三农’问题是全党工作重中之重的战略思想丝毫不能动摇，促进农业稳定发展、农民持续增收的重要任务丝毫不能放松，支农惠农的政策力度丝毫不能减弱，扎实推进新农村建设的各项工作丝毫不能松懈”；2008 年 1 月，《中共中央国务院关于切实加强农业基础建设进一步促进农业发展农民增收的若干意见》发表，即第十个“一号文件”，提出“加强农业基础地位，走中国特色农业现代化道路，建立以工促农、以城带乡长效机制，形成城乡经济社会发展一体化新格局”；2008 年 12 月 31 日，中共中央、国务院发布《关于 2009 年促进农业稳定发展农民持续增收的若干意见》即第十一个“一号文件”，提出“千方百计保证粮食安全和主要农产品有效供给”。

2008 年 10 月中共十七届三中全会通过《关于推进农村改革发展若干重大问题的决定》，从农村基本经营制度、土地管理制度、支持保护制度、现代农村金融制度、城乡一体化制度、民主管理制度等多个方面提出了要求。2013 年 11 月党的十八届三中全会指出：健全体制机制，形成以工促农、以城带乡、工农互惠、城乡一体的新型工农城乡关系，让广大农民平等参与现代化进程、共同分享现代化成果。2013 年 12 月召开的中央农村工作会议指出：“我国是个人口众多的大国，解决好吃饭问题始终是治国理政的头等大事。要坚持以我为主，立足国内、确保产能、适度进口、科技支撑的国家粮食安全战略。中国人的饭碗任何时候都要牢牢端在自己手上。我们的饭碗应该主要装中国粮，一个国家只有立足粮食基本自给，才能掌握粮食安全主动权，进而才能掌控经济社会发展这个大局。”这些措施与制度确保了中国的粮食安全，无论国际市场怎样波动，中国的粮食供应是稳定的，没有出现也不会出现饿死人的问题。

第二个定位：国家规划设计师。对于中国的发展，30多年来，党和政府有三个层次的规划设计：战略理念的设计、战略步骤的设计、战术实施的设计。第一个层次的规划设计：战略理念的设计。就是“三个一百年”。1997年9月中共十五大报告提出：“展望下世纪，我们的目标是，第一个十年实现国民生产总值比2000年翻一番，使人民的小康生活更加宽裕，形成比较完善的社会主义市场经济体制；再经过十年的努力，到建党一百年时，使国民经济更加发展，各项制度更加完善；到世纪中叶建国一百年时，基本实现现代化，建成富强民主文明的社会主义国家。”建党一百年时（2021年），国民经济更加发展；建国一百年时（2049年），基本实现现代化；到21世纪末一百年时（2099年），成为各方面都领先的世界性强国。这些战略理念清晰而明确，科学而超前。

第二个层次的规划设计：战略步骤的设计。就是“三个二十年”。第一个是邓小平“三步走”战略中的“二十年”：第一步，从1980年到1990年国民生产总值翻一番，实现温饱；第二步，从1991年到20世纪末再翻一番，达到小康；第三步，到21世纪中叶再翻一番，达到中等发达国家水平。第一个“二十年”（1980年—2000年），目标已经超额完成。第二个是1996年制定的“九五计划”中的“二十年”，《国民经济和社会发展第九个五年计划和2010年远景目标纲要》提出：今后15年，我国现代化建设的任务是十分艰巨的，前5年，要全面完成现代化建设的第二步战略部署，到2000年，实现人均国民生产总值比1980年翻两番，基本消除贫困现象，人民生活达到小康水平，为下世纪初开始实施第三步战略部署奠定更好的物资技术基础和经济体制基础；后10年，要在实现第三步战略部署中迈出关键的一步，到2010年，实现国民生产总值比2000

年翻一番，人民的小康生活更加宽裕，社会生产力，综合国力，人民生活水平再上一个大台阶。这一远景目标在 2010 年都已经实现。第三个就是江泽民在 2001 年提出的全面建设小康社会思想中的“二十年”。中国共产党第十六次全国代表大会的报告进一步明确了今后 20 年全面建设小康社会的任务：我们要在本世纪头二十年，集中力量，全面建设惠及十几亿人口的更高水平的小康社会，使经济更加发展、民主更加健全、科教更加进步、文化更加繁荣、社会更加和谐、人民生活更加殷实。在优化结构和提高效益的基础上，国内生产总值到 2020 年力争比 2000 年翻两番，综合国力和国际竞争力明显增强。基本实现工业化，建成完善的社会主义市场经济体制和更具活力、更加开放的经济体系。城镇人口的比重较大幅度提高，工农差别、城乡差别和地区差别扩大的趋势逐步扭转。社会保障体系比较健全，社会就业比较充分，家庭财产普遍增加，人民过上更加富足的生活。

第三个层次是战术实施的规划设计。包括三个主要方面：第一个方面是制定国民经济与社会发展的五年规划，清楚地绘制出具有约束力的发展路线图和时间表。第二个方面是配套编制各个部门的五年发展规划，包括新兴战略产业五年规划、国家文化发展五年规划、国家科技发展五年规划、社会保障发展五年规划、人力资本发展五年规划等等。这些规划更加具体，实施起来更有针对性。第三个方面是编制区域发展规划，以经济区带动中国经济发展。2004 年—2007 年中国政府先后批准了上海浦东新区、天津滨海新区和成都、重庆为综合配套改革试验区、长株潭城市群和武汉城市圈成为国家级综合配套改革试验区，通过改革推动中国经济发展，成为中国经济新的增长极。2008 年来，国务院先后批准了《进一步推进长江三角洲地区改革开放和经济社会发展的指导意见》,《指导意见》提出：长江三角洲地区是我国综合实力最强的区域，在社会主义现代化建设全局中具有重要的战略地位和带动作用。长江三角洲地区包括上海市、江苏省和浙江省。进一步推进长江三角洲地区改革开放和经济社会发展，有利于推进区域经济一体化，提高自主创新能力和整体经济素质；有利于增强对中西部地区的辐射带动作用，推动全国区域协调发展；有利于提高开放型经济水平，增强我国国际竞争力和抗风险能力,2009 年 1 月发布《珠江三角洲地区改革发展规划纲要》。《纲要》规定：到 2020 年，珠三角地区要率先基本实现现代化，基本建立完善的社会主义市场经济体制，形成以现代服务业和先进制造业为主的产业结构，形成具有世界先进水平的科技创新能力，形成全体人民和谐相处的局面，形成粤港澳三地分工合作、优势互补、全球最具核心竞争力的大都市圈之一。2011 年 3 月发布的《成渝经济区区域规划》对未来的成渝经济区作了战略定位，即建成为西部大开发的增长极和经济高地，国家重要的先进装备制造业、现代服务业、高新技术产业和农产品基地，全国统筹城乡综合配套改革试验区，国家内陆开放示范区和国家生态安全保障区。这些区域规划，以日益紧密的经济区的发展作为中国发展的核动力。

第三个定位：制度供给者。作为一个发展中的大国，中国经济发展中会不断提出一系列新的制度要求与规则要求，政府能够较好地满足这种制度要求。在基本民事制度方面，建立了完善的债权制度和物权制度，确立了合同自由原则以及物权法定、物权平等保护原则，形成了各种所有制经济合法共存、平等竞争的格局；在市场主体制度方面，制定并完善了市场主体的内部治理结构；在市场管理制度方面，规范了市场竞争行为，促进了垄断行业的改革；制定了消费者利益权益保护和产品质量保障制度；在宏观调控制度方面，制定了一系列既充分发挥市场机制优化资源配置作用，又充分运用法律手段对经济进行宏观调控的制度，促进了国民经济又好又快地发展；在知识产权保护制度方面，建立起了比较完善的专利权、商标权、著作权等知识产权保护制度，提供了科技创业、知识创新的良好法律环境。

第四个定位：市场空间的开拓者、维护者。在国内，制定非国有资本参与中央企业投资项目的办法，在金融、石油、电力、铁路、电信、资源开发、公用事业等领域，向非国有资本推出一批投资项目；制定非公有制企业进入特许经营领域具体办法；实施铁路投融资体制改革，在更多领域放开竞争性业务，为民间资本提供大显身手的舞台。在国外，利用中国的优势寻找发展空间。

第二篇

打破利益固化藩篱：国有资本与非国有资本的变革

李克强总理在第十二届全国人大二次会议上所作的《政府工作报告》中指出："增强各类所有制经济活力。坚持和完善基本经济制度。优化国有经济布局和结构，加快发展混合所有制经济，建立健全现代企业制度和公司法人治理结构。完善国有资产管理体制，准确界定不同国有企业功能，推进国有资本投资运营公司试点。完善国有资本经营预算，提高中央企业国有资本收益上缴公共财政比例。制定非国有资本参与中央企业投资项目的办法，在金融、石油、电力、铁路、电信、资源开发、公用事业等领域，向非国有资本推出一批投资项目。制定非公有制企业进入特许经营领域具体办法。实施铁路投融资体制改革，在更多领域放开竞争性业务，为民间资本提供大显身手的舞台。完善产权保护制度，公有制经济财产权不可侵犯，非公有制经济财产权同样不可侵犯。"

一、源泉的涌流：增强各类所有制经济活力

100 多年前，马克思恩格斯在《共产党宣言》中曾经这样感叹："资产阶级在它的不到一百年的阶级统治中所创造的生产力，比过去一切世代创造的全部生产力还要多，还要大。自然力的征服，机器的采用，化学在工业和农业中的应用，轮船的行驶，铁路的通行，电报

的使用，整个整个大陆的开垦，河川的通航，仿佛用法术从地下呼唤出来的大量人口——过去哪一个世纪料想到在社会劳动里蕴藏有这样的生产力呢?”[①]1919 年 6 月，列宁在《伟大的创举》中高度颂扬了莫斯科—喀山铁路员工中的共产党员和同情分子在 1919 年春季组织的群众性的共产主义星期六义务劳动，把它称之为“伟大的创举”。列宁指出，战胜资产阶级所需力量的最深源泉，只能是新的更高的社会生产方式。“劳动生产率，归根到底是使新社会制度取得胜利的最重要最主要的东西。资本主义创造了在农奴制下所没有过的劳动生产率。资本主义可以被最终战胜，而且一定会被最终战胜，因为社会主义能创造新的高得多的劳动生产率。”[②]社会主义的一个重要优势就在于，在社会主义制度下，一切劳动、知识、技术、管理、资本的活力都可以竞相迸发，一切创造社会财富的源泉都可以充分涌流。

改革开放以来，我国的各类所有制经济活力不断激发，各类所有制经济，特别是非公有制经济发展取得了一系列重大成就。到 2013 年，民营经济约占国民生产总值 60%。但是，中国的非公有制经济发展也是经过了一个曲折的探索过程。早在上个世纪 80 年代初，安徽芜湖个体户年广久炒卖的“傻子瓜子”大受市场欢迎，两年内发展成一个年营业额 720 万元、雇工 140 人的私人企业。有人提出了疑问，认为这不符合社会主义的原则。邓小平指示“先不要动他”……这无疑是为民营经济亮了绿灯。

1981 年，国务院发布的《关于城镇非农业个体经济若干政策性规定》指出：个体经济“一般是个人经营或家庭经营；必要时，经过工商行政管理部门批准，可以请一至两个帮手……最多不超过五个学徒”。1982 年，邓小平同志提出对私营经济要采取“看一看”的方针。同年，中共十二大提出：“在农村和城市，都要鼓励劳动者个体经济

①《马克思恩格斯选集》第 1 卷，人民出版社 2012 年版，第 405 页。
②《列宁选集》第 4 卷，人民出版社 2012 年版，第 16 页。

在国家规定的范围内和工商行政管理下适当发展，作为公有制经济的必要的、有益的补充。”同年，第五届全国人大五次会议通过的《中华人民共和国宪法》第十一条规定：在法律规定范围内的城乡劳动者个体经济，是社会主义公有制经济的补充。国家保护个体经济的合法的权利和利益。1984年，《中共中央关于经济体制改革的决定》提出：“我国现在的个体经济是和社会主义公有制相联系的个体经济，它对于发展生产、扩大劳动就业，具有不可替代的作用，是从属社会主义经济的，是社会主义经济必要的有益补充”。1987年召开的党的十三大第一次公开明确地承认私营经济的合法存在和发展，提出了鼓励发展个体经济特别是私营经济的方针。1988年，第七届全国人大一次会议通过宪法修正案，确定了私营经济的法律地位和经济地位，即“国家允许私营经济在法律规定的范围内存在和发展。私营经济是社会主义公有制经济的补充。国家保护私营经济的合法权利和利益”。同年，我国开始对私营企业进行登记。1997年，党的十五大指出，公有制为主体、多种所有制经济共同发展是社会主义初级阶段的一项基本经济制度。1999年，第九届全国人大二次会议通过的宪法修正案明确指出：“在法律规定范围内的个体经济、私营经济等非公有制经济，是社会主义市场经济的重要组成部分。”2002年，党的十六大指出，必须毫不动摇地巩固和发展公有制经济，必须毫不动摇地鼓励、支持和引导非公有制经济发展。2004年，第十届全国人大二次会议通过的宪法修正案指出：“国家保护个体经济、私营经济等非公有制经济的合法的权利和利益。国家鼓励、支持和引导非公有制经济的发展，并对非公有制经济依法实行监督和管理。”2007年，党的十七大重申要把“两个毫不动摇”作为长期坚持的方针，提出“平等保护物权，形成各种所有制经济平等竞争、相互促进新格局”。党的十八届三中全会特别强调：“国家保护各种所有制经济产权和合法利益，保证各种所有制经济依法平等使用生产要素、公开公平公正参与市场竞争、同等受到法律保护，依法监管各种所有制经济。”我们相信，在当代中国，在中国特色社会主义制度下，各类所有制经济活力将不断迸发出来，发展成果将更多更公平地惠及全体人民。

二、两个“毫不动摇”：坚持和完善基本经济制度

公有制为主体、多种所有制经济共同发展的基本经济制度，是中国特色社会主义制度的重要支柱，也是社会主义市场经济体制的根基。公有制经济和非公有制经济都是社会主义市场经济的重要组成部分，都是我国经济社会发展的重要基础。坚持和完善基本经济制度主要包括两个方面内容：一是必须毫不动摇巩固和发展公有制经济，坚持公有制主体地位，发挥国有经济主导作用，不断增强国有经济活力、控制力、影响力；二是必须毫不动摇鼓励、支持、引导非公有制经济发展，激发非公有制经济活力和创造力。

（一）必须毫不动摇巩固和发展公有制经济

社会主义国家的根本性质，决定了我国必须始终坚持以公有制经济为主体。邓小平同志指出：“一个公有制占主体，一个共同富裕，这是我们所必须坚持的社会主义的根本原则。”①坚持公有制为主体，对于发挥社会主义制度的优越性，增强我国经济实力、国防实力和民族凝聚力，防止两极分化，维护社会公平正义，逐步实现共同富裕，为社会主义国家政权的巩固提供强大物质基础，促进社会和谐，不断增强社会主义的国际影响力，都具有十分重要的意义。

坚持公有制为主体、多种所有制经济共同发展的基本经济制度，是对社会主义建设正反两方面经验的科学总结，也是对马克思主义所有制理论的丰富和发展。新中国成立后，经过三年的努力，基本完成了各项社会改革和国民经济恢复的艰巨任务。我国通过大规模建立国有经济，初步形成了公有制为主体、多种所有制经济共同发展的良好局面。但是，由于我们对“什么是社会主义、怎样建设社会主义”的问题认识不清，后来搞的“一大二公”、纯而又纯的单一公有制经济，

①《邓小平文选》第3卷，人民出版社1993年版，第111页。

超越了我国生产力发展阶段，导致很多问题出现。尽管如此，经过艰苦卓绝、坚持不懈地努力，我们建成了门类比较齐全、独立的、比较完整的工业体系，取得了巨大成就。

改革开放以来，我们在党的领导下，坚持社会主义基本经济制度，在经济建设、政治建设、文化建设、社会建设、生态文明建设方面取得举世瞩目的巨大成就。我国社会生产力、综合国力大幅提升，科技实力、国防实力显著增强。1978 年至 2012 年，国内生产总值由 3645 亿元增长到 51.93 万亿元，成为世界第二大经济体。人民生活实现了从温饱不足到总体小康的历史性跨越，公有制经济的实力也更加雄厚。

毫不动摇巩固和发展公有制经济，对于建立完善的社会主义市场经济体制，促进生产力发展和社会公平正义，实现共同富裕具有重要意义。美国经济学家盖伯瑞斯认为："资本主义完全不限制生产，尽是生产一些制造都市问题的汽车、药物和酒等产品，却无法供给市民最迫切需要的东西。资本主义者从来不会想到让民众以低廉的价钱买到舒适的房子；而毫无疑问的，住房问题是都市生活最重要的一环。资本主义者也不会想到供给良好的医疗设施，而都市人口稠密、易于传染和感染疾病，亟须健全医疗设施。此外，完善而方便的交通工具，也是大都会生活必备的要素，这些却不是资本家所乐于施予的。"①在公有制占主体的社会主义制度下，完全可以解决资本主义的这些矛盾和问题，让广大人民群众共享发展成果。

（二）必须毫不动摇鼓励、支持、引导非公有制经济发展

在社会主义初级阶段，社会主要矛盾是人民日益增长的物质文化需要同落后的社会生产之间的矛盾。我们知道，解决中国十几亿人的吃饭、就业以及增加收入、改善生活等问题，光靠公有制经济特别是

①【美】约翰·肯尼斯·盖伯瑞斯：《富裕之路——经济思想所造成的历史》，台湾桂冠图书公司 1989 年版，第 308 页。

国有企业是难以做到的。改革开放以来，非公有制经济一直是我国重要的经济增长点，在支撑增长、促进创新、扩大就业、增加税收等方面具有重要作用。积极发展个体、私营等非公有制经济，有利于繁荣城乡经济、增加财政收入，有利于扩大社会就业、改善人民生活，有利于优化经济结构、促进经济发展，对全面建成小康社会和加快社会主义现代化进程具有重大的战略意义。

据统计，2011 年 9 月底，我国非公有制企业数量占企业总数的比重突破 80%，达到 80.3%。2012 年 6 月底，这一数据达到 81.74%；到 2012 年年底，这一数据达到 82.67%。根据国家工商总局发布的全国市场主体发展情况报告，2013 年全国市场主体健康有序发展，实有户数及资金规模总量扩大，增速提高，呈现稳中有进的发展态势。全国市场主体数量突破 6000 万户，注册资本（金）总额达 100 万亿元。截至 2013 年年底，全国实有各类市场主体 6062.38 万户，比上年年底增长 10.33%，增速比上年提高 1.78 个百分点，为近 5 年最高；注册资本（金）101.2 万亿元（外商投资企业注册资本的货币单位原为美元，各年注册资本数按数据分析当日汇率折算。2013 年年底数据按美元对人民币汇率 6.0969 折算，下同），增长 18.21%。全国实有企业 1527.84 万户（含分支机构，下同），增长 11.8%，注册资本（金）96.88 万亿元，增长 17.37%。内资企业 1483.24 万户，增长 12.15%，注册资本（金）84.51 万亿元，增长 19.52%。其中私营企业 1253.86 万户，增长 15.49%，注册资本（金）39.31 万亿元，增长 26.42%。外商投资企业 44.6 万户，增长 1.21%，注册资本 12.36 万亿元，增长 4.56%。个体工商户 4436.29 万户，增长 9.29%，资金数额 2.43 万亿元，增长 23.12%。农民专业合作社 98.24 万户，增长 42.6%，出资总额 1.89 万亿元，增长 71.85%。[①]我国公有制经济发展的市场潜

---

①《工商总局：2013 年全国市场主体发展稳中有进》，http://www.gov.cn/gzdt/2014-01/14/content_2566323.htm

力巨大。

党的十八届三中全会提出，毫不动摇鼓励、支持、引导非公有制经济发展，要坚持权利平等、机会平等、规则平等，废除对非公有制经济各种形式的不合理规定，消除各种隐性壁垒，制定非公有制企业进入特许经营领域具体办法。今年的政府工作报告作了具体部署：加快发展混合所有制经济，建立健全现代企业制度和公司法人治理结构；制定非国有资本参与中央企业投资项目的办法，在金融、石油、电力、铁路、电信、资源开发、公用事业等领域，向非国有资本推出一批投资项目；制定非公有制企业进入特许经营领域具体办法；实施铁路投融资体制改革，在更多领域放开竞争性业务，为民间资本提供大显身手的舞台等。这些举措给非公有制经济发展提供了更多的机遇和更广阔的天地。

三、顶层设计与有序推进：完善国有资产管理体制

党的十八届三中全会指出："完善国有资产管理体制，以管资本为主加强国有资产监管，改革国有资本授权经营体制，组建若干国有资本运营公司，支持有条件的国有企业改组为国有资本投资公司。国有资本投资运营要服务于国家战略目标，更多投向关系国家安全、国民经济命脉的重要行业和关键领域，重点提供公共服务、发展重要前瞻性战略性产业、保护生态环境、支持科技进步、保障国家安全。"① 2014年3月9日，习近平同志参加十二届全国人大二次会议安徽代表团的审议时强调，要吸取过去国企改革经验和教训，不能在一片改革声浪中把国有资产变成谋取暴利的机会。

在社会主义市场经济条件下，政府的一个重要职能就是"具有界定和保护产权的职能"②，这就需要进一步完善国有资产管理体制，大胆探索、创新国有资本运营，防止国有资产流失，保证国有资产的

①《中国共产党第十八届中央委员会第三次全体会议文件汇编》，人民出版社2013年版，第25页。
②曹沛霖：《政府与市场》，浙江人民出版社1998年版，第403页。

保值增值。“我国国有资产包括经营性国有资产（含国有金融资产）、行政事业性国有资产、资源性国有资产。随着社会主义现代化建设的不断推进，我国国有资产规模不断扩大、质量不断提高，在经济社会发展中发挥着不可替代的作用。”①据统计，2002 年至 2011 年，全国国有企业营业收入由 8.53 万亿元增加到 39.2 万亿元，年均增长 18.5%；实现利润由 3786.3 亿元增加到 2.58 万亿元，年均增长 23.8%；上缴税金由 6960.4 亿元增加到 3.45 万亿元，年均增长 19.5%。2002 年至 2011 年，国务院国资委监管的中央企业营业收入由 3.36 万亿元增加到 20.5 万亿元，年均增长 22.2%；资产总额由 7.13 万亿元增长到 28 万亿元，年均增长 16.4%。②2013 年《财富》世界 500 强企业中，我国内地企业已达 89 家，其中 82 家为国有企业。2003—2012 年，全国国有企业实现营业收入从 10.73 万亿元增长到 43.42 万亿元，年均增长 16.8%；实现利润从 4951.2 亿元增长到 2.57 万亿元，年均增长 20.1%；上交税金从 8361.6 亿元增长到 3.72 万亿元，年均增长 18%。截至 2012 年底，全国国有企业资产总额 100.23 万亿元，所有者权益 34.09 万亿元，分别是 2003 年的 5.1 倍和 4.1 倍。在这种情况下，完善国有资产管理体制十分必要，也十分紧迫。

我们党和政府十分重视国有资产的管理。1993 年 2 月，中共中央委员会向第七届全国人民代表大会常务委员会提出《关于修改宪法部分内容的建议》，其中有两点值得特别注意：第一，将“国家在社会主义公有制基础上实行计划经济”改为“国家实行社会主义市场经济”；第二，将“国营企业”改为“国有企业”，认定了全民所有制企业可以不采取国家经营而是独立经营的方式。1993 年，中共十四届三中全会明确指出，对国有资产实行国家统一所有、政府分级监管、企业自主经营的体制。1997 年，中共十五大提出，要建立有效的国有资

①王勇:《完善各类国有资产管理体制》,《经济日报》2012 年 11 月 19 日。

②王勇:《完善各类国有资产管理体制》,《经济日报》2012 年 11 月 19 日。

产管理、监督和营运机制，保证国有资产的保值增值，防止国有资产流失。2008 年 10 月，通过的《企业国有资产法》，目的是维护国家基本经济制度，巩固和发展国有经济，加强对国有资产的保护，发挥国有经济在国民经济中的主导作用，促进社会主义市场经济发展。

经过多年的探索，目前，我国的经营性国有资产管理已经有多种形式，大致可分作以下几类：一类是全国社保基金，信达、华融等资产管理公司和中投、汇金投资控股公司等；二是与投资和持股的公司是股权关系，不是行政关系；三是持股机构是市场参与者，在市场中运作。国资委则是另一类管理形式。它的特点，一是以实物形态的“国有企业”为对象，“管人、管事、管资产”，管理着一个企业群，政府不独立、企业也不独立，是诸多体制性矛盾的焦点；二是从法律和财务意义上国有产权的委托代理关系并未建立；三是国有产权基本不具有流动性，有进有退的调整很难实质性进行，资本效率低。这类管理形式在诸多方面与市场经济很难相融，是当前改革的重点。

基于我国的特点，国有资本有两大功能：一是政策性功能，即作为政府实现特殊公共目标的资源；二是收益性功能，获取财务回报，用于公共服务。这一轮国企改革的重点是国有资产管理的改革。这是从国家层面自上而下的系统性改革，涉及经济体制的转型、政府与市场和企业的关系、巨大国有资产“存量”的功能转换、市场主体再建设等牵动全局的变革，涉及诸多利益关系的重大调整，是一场攻坚战。应当先进行科学的顶层设计，妥善处理历史遗留问题，再进行必要的试点，之后再大规模行动，从而保障这项改革积极而稳妥地进行。[①]总之，国有资产是人民的血汗，管好用好是政府的责任。

四、破除“玻璃门”和“弹簧门”：非公有制企业进入特许经营领域

在我国，特许经营，是指由政府机构授权，准许特定企业使用公

①陈清泰：《国资改革路线图》，《财经》杂志第 385 期。

共财产，或在一定地区享有经营某种特许业务的权利。比如，市政公用事业实行特许经营范围包括：城市供水、供气、供热；污水处理、垃圾处理；城市轨道交通和其他公共交通；户外广告载体使用权、公共设施冠名权等。特别是公用事业领域的特许经营一向被视为市场化改革的“最后堡垒”。2004 年 5 月，建设部出台了《市政公用事业特许经营管理办法》，2005 年“两会”前，国务院《关于鼓励支持和引导个体私营等非公有制经济发展的若干意见》(即“非公经济 36 条”)，这是新中国成立以来首部以促进非公有制经济发展为主题的中央政府文件，提出允许非公有资本进入垄断行业和领域。加快垄断行业改革，在电力、电信、铁路、民航、石油等行业和领域，进一步引入市场竞争机制；允许非公有资本进入公用事业和基础设施领域；允许非公有资本进入社会事业领域；允许非公有资本进入金融服务业；允许非公有资本进入国防科技工业建设领域；鼓励非公有制经济参与国有经济结构调整和国有企业重组；鼓励、支持非公有制经济参与西部大开发、东北地区等老工业基地振兴和中部地区崛起等。通过引入公用事业特许经营方式，将本来由政府执掌的公用事业建设、运营和维护的公共职责，转移到了非公等多种成分经济主体之手，这对于社会主义市场经济的健康发展具有重大意义。

然而，非公有制企业进入特许经营领域还存在“玻璃门”、“弹簧门”、“旋转门”。比如，在政府服务方面，对非公有制企业实行比较苛刻的审批，一些服务和政策非公有制企业享受不了；在融资方面，非公有制企业的融资成本较高，难度较大；在市场准入方面，虽然国家已经放开了部分垄断部门和行业，但在实际操作中仍存在许多隐性障碍。

李克强总理在第十二届全国人大二次会议上所作的《政府工作报告》提出：“制定非国有资本参与中央企业投资项目的办法，在金融、石油、电力、铁路、电信、资源开发、公用事业等领域，向非国有资本推出一批投资项目。制定非公有制企业进入特许经营领域具体办法。实施铁路投融资体制改革，在更多领域放开竞争性业务，为民间资本提供大显身手的舞台。”这基本上破除了非公有制企业进入特许经营领域的“玻璃门”、“弹簧门”、“旋转门”。当然，支持非公有制经济发展需要配套措施，要与健全国有企业法人治理结构、投融资体制改革等结合起来。同时，在非公有制企业进入特许经营领域的过程中，我们要特别注意保护好国有资产，也要保护好非公有经济财产权。

五、两个“不可侵犯”：完善产权保护制度

产权是经济所有制关系的法律表现形式。它包括财产的所有权、占有权、支配权、使用权、收益权和处置权。在市场经济条件下，产权的属性主要表现在三个方面：产权具有经济实体性、产权具有可分离性、产权流动具有独立性。产权的功能包括：激励功能、约束功能、资源配置功能、协调功能。英国哲学家洛克认为，财产是个人的劳动加之于自然物而产生的，“因此，既然劳动是劳动者的无可争议的所有物，那么对于这一有所增益的东西，除他以外就没有人能够享有权利”，“这种所有物是旁人无权要求的”。①

党的十八届三中全会指出：公有制经济财产权不可侵犯，非公有制经济财产权同样不可侵犯。我国宪法规定：在法律规定范围内的个体经济、私营经济等非公有制经济，是社会主义市场经济的重要组成部分。国家保护个体经济、私营经济等非公有制经济的合法的权利和利益。国家鼓励、支持和引导非公有制经济的发展，并对非公有制经济依法实行监督和管理。社会主义的公共财产神圣不可侵犯。国家保护社会主义的公共财产。禁止任何组织或者个人用任何手段侵占或者破坏国家的和集体的财产。公民的合法的私有财产不受侵犯。国家依照法律规定保护公民的私有财产权和继承权。国家为了公共利益的需要，可以依照法律规定对公民的私有财产实行征收或者征用并给予补偿。

①洛克：《政府论》(下篇)，叶启芳、瞿菊农译，北京：商务印书馆，1996年，第19、22页。

公有制经济财产权不可侵犯，非公有制经济财产权同样不可侵犯，体现了宪法的精神。2013 年 11 月，《中共中央关于全面深化改革若干重大问题的决定》在文件起草过程中，有人曾建议，在公有制经济财产权和非公有制经济财产权不可侵犯前加上“神圣”。而在最终送审的《决定》中，统一表述为“公有制经济财产权和非公有制经济财产权不可侵犯”。此外，还有建议称，非公有制经济财产权不可侵犯前加上“合法的”，加以限制。但是，如何界定财产是否属于“合法的”，需要经过法律程序。在司法机关未做出判决前，不能认定财产是非法的。因此此条意见没有写进文件中。此前，“物权法”的起草也经过了一个曲折的、激烈争论的过程。

2002 年 11 月，党的十六大提出，要“完善保护私人财产的法律制度”。1 个月之后，第九届全国人大常委会对物权法草案进行了初次审议。2004 年 3 月，第十届全国人大二次会议通过宪法修正案，增加了“公民的合法的私有财产不受侵犯”这一突破性规定，使私有财产权上升为宪法权利。随后，第十届全国人大常委会先后对物权法草案进行了二审、三审、四审、五审、六审。2005 年 6 月，物权法草案三次审议稿专门增加条款，规定企业主管人员以无偿转让或低价出售、低价折股等手段造成国有资产流失，追究企业相关主管人员的民事、行政乃至刑事责任。2005 年 10 月，草案四次审议稿进一步强调，要将维护公有制为主体、多种所有制经济共同发展的国家基本经济制度作为立法目的和基本原则，同时又强调对国家、集体和私有财产平等保护的原则。2006 年 8 月，物权法草案五次审议稿专门增加条款，明确了对国家财产、集体财产和私有财产平等保护的原则。2005 年 7 月 10 日，根据全国人大常委会委员长会议的决定，物权法草案向社会全文公布征求意见。从机关单位到普通百姓，从公司企业到法律专家，在 40 天的时间里，社会各界为进一步完善物权法草案，共提出意见 11543 件。2005 年 9 月到 2007 年初，在全国人大常委会多次召开座谈会，认真听取有关方面意见，并听取部分全国人大代表、中央有关部门负责同志和法学、经济学专家对物权法草案几个重要问题的意见，开展调研活动并专门召开了立法论证会。

2007 年 3 月 16 日，社会广泛关注的中国财产权利的基本法——《中华人民共和国物权法》高票通过，2007 年 10 月 1 日起施行。《物权法》第三条规定，“国家在社会主义初级阶段，坚持公有制为主体、多种所有制经济共同发展的基本经济制度。国家巩固和发展公有制经济，鼓励、支持和引导非公有制经济的发展。国家实行社会主义市场经济，保障一切市场主体的平等法律地位和发展权利。”第四条规定，“国家、集体、私人的物权和其他权利人的物权受法律保护，任何单位和个人不得侵犯。”非公有制经济被给予平等、无差别的法律保护。

英国法学家威廉·韦德认为，“不论国家权力如何广泛，也不论它们授权如何广泛，总是有可能要求权力以程序上公正的方式行使，随着政府权力持续不断地急剧增长，只有依靠程序公正，权力才可能变得让人容忍”。[①]公有制经济财产权不可侵犯，非公有制经济财产权同样不可侵犯，不但有利于公有制经济健康发展，也有利于非公有制经济发展，必将对社会主义市场经济发展起到巨大的影响。

①威廉·韦德：《行政法》，徐炳译，中国大百科全书出版社 1997 年版，第 93 页。

第三篇

提质、增效、升级：提高经济发展的质量

2014年3月，第十二届全国人民代表大会第二次会议和中国人民政治协商会议第十二届全国委员会召开在即，排在世界各国看点清单第一位的当属中国经济增长目标。美国彭博新闻社3日撰文称，7%以上的经济增长速度对“从新加坡到圣保罗的各国官员们来说是某种舒服区域”。德国《普福尔茨海姆日报》预测这一数字将被设定为7%或7.5%。韩国《朝鲜日报》认为2014年中国经济增长的目标可能会在7.5%的基础上小幅下调，或会提出一个7%—8%的笼统概念。这些“来自中国的数字”的预测明显折射出世界对中国经济增长目标持续下滑的担忧。3月5日，李克强总理在第十二届全国人大二次会议上所作《政府工作报告》中确定2014年国内生产总值的增长目标为7.5%左右。这已是连续第三年提出7.5%的增长目标。中国经济真的不行了吗？持续多年的单位数增长是否预示着中国难挡经济下行的衰退？“中等收入陷阱”的怪圈难道果真要“圈住”这个初露头角的发展中大国？

一、稳增长：从高速向中高速的经济增长换挡

2013年9月，李克强在出席第七届夏季达沃斯论坛的开幕式上，首次提出了“中高速增长”的概念。他说，“当前中国经济已进入中高速增长阶段。”所谓“中高速增长”，就是与过去两位数的经济增速相比虽然是低了一些，但与世界其他国家相比，仍然是高速增长。伴

随着经济增速的回落，中国已经进入由高速增长向中高速增长的转型的调整时期。

改革开放以来，中国经济增长率超出或等于10%的年头就有16个，平均年经济增长率为9.8%，这在世界经济发展的历史上也是少有的。即使在2008年国际金融危机的巨大压力下，中国经济依然保持了9.6%的增幅，成为世界经济复苏的主要动力。但是，经济增长自有其高低起伏的周期规律。在市场经济的作用之下，经济运行不免有时稳中向好，有时跌宕起伏，政府就必须要在尊重市场规律的前提下提高宏观调控能力，适度干预市场。反之，如果一味推高经济增速，必然导致市场生产过剩，带来经济滞涨，危害经济安全运行。

从国际经验看，任何国家的高增长率都是不可持续的。一般来说，在人均收入达到11000国际元（指1990年的国际元，是一种国际公认度较高的购买力平价指标）左右时，几乎无一例外地出现增长速度的“自然回落”。二战后，日本、德国和被并称为“亚洲四小龙”的韩国、香港、台湾以及新加坡在经历了二三十年的高速增长期后，都不可避免地逐步转向低速增长。反观中国，2012年我国人均GDP已经达到9000国际元左右，2013年这一数字预计接近10000国际元。中国即将进入经济增长速度回落的时间窗口。①

从国内发展的实际情况来看，30多年的高速增长在带来巨大发展成就的同时，也产生了很多问题。如部分行业产能过剩问题严重，宏观债务水平持续上升，结构性就业矛盾突出，生态环境恶化，食品药品质量堪忧，城乡区域发展差距和居民收入分配差距依然较大，社会治安状况不佳等，总之，国内发展不平衡、不协调、不可持续问题依然突出。为了从根本上解决中国未来发展的长远问题，化解改革发展中的深层次矛盾，推动经济结构的优化改革，中国必须从高速增长的快车道中缓下来。对于中国来说，与其一味忍受超高速经济增长带来

①刘世锦著，《陷阱还是高墙》，中信出版社，2011年版，第157页。

的巨大资源、能源、环境压力，倒不如早点转变思路，牺牲一点速度，换取更高的发展质量。从另一方面说，按国家估算，要实现党的十八大报告中提出的到2020年国内生产总值和城乡居民人均收入比2010年翻一番的目标，只要年均7%的增速就够了。这么看来，超高速的经济增长速度在中国既不需要，也不必要。2013年4月8日，习近平总书记在同参加博鳌亚洲论坛年会的中外企业家代表座谈时提出，中国经济增长“就是速度再快一点，非不能也，而不为也。”

转变超高速增长的传统思维，更为关键的是要在实现中高速增长的前提下着力调整经济发展结构，转变经济增长方式，打造经济发展的升级版。对此，党和国家率先做出了详细的安排部署，强调要统筹考虑稳增长、控通胀、防风险、调结构、促改革；要坚持宏观政策要稳，微观政策要活，社会政策要托底的思路；要把握好宏观调控的方向、力度、节奏，使经济运行处于合理区间，守住稳增长、保就业的“下限”，把握好防通胀的“上限”，在这样一个合理区间内，要着力调结构、促改革，推动经济转型升级。

那么，什么是“经济增长的合理区间”呢？这个概念是2013年李克强总理在广西主持召开部分省区经济形势座谈会时提出的。所谓“经济增长的合理区间”就是经济增长率、就业水平等不滑出“下限”，物价涨幅等不超出“上限”。“合理区间”和“上下线”构成了中国经济发展的指向标。澳大利亚《悉尼先驱晨报》评论道，这是中国领导层向市场和公众发出的“明确、坚决的信息”。只要经济运行在这个合理区间内，党和政府就要善于运用宏观经济政策框架的总体思路，以转变经济发展方式为主线，着力调整经济发展结构，推动经济的转型升级；要注重发挥市场在资源配置中的决定性作用，彻底放开错装在政府身上的“那只手”，推动实现政府职能的转化；要加大力度建设惠民项目，不断增加居民收入和促进就业，实现经济社会发展更加公平，更有活力。

李克强总理在第十二届全国人大二次会议所作的《政府工作报告》

中指出，今年经济社会发展的主要预期目标是：国内生产总值增长7.5%左右，居民消费价格涨幅控制在3.5%左右，城镇新增就业1000万人以上，城镇登记失业率控制在4.6%以内，国际收支基本平衡，努力实现居民收入和经济发展同步。此后，李克强还特意对国内生产总值和居民消费价格涨幅两个数据做了特殊说明，明确指出，7.5%左右的增长预期目标，有利于增强市场信心，有利于调整优化经济结构，这与全面建成小康社会的目标相衔接；把居民消费价格涨幅控制在3.5%左右，则是考虑了2013年涨价翘尾影响和2014年新涨价因素两方面的影响，也表明中国政府抑制通胀、保障民生的决心和信心。对此，路透社报道称，这是到目前为止中国发出的最为强烈的信号：它将转向更加平衡的和洁净的经济增长。其实，中国的增长更加注重民生。在2014年3月13日记者会上，CNBC（美国消费者新闻与商业频道）记者问：许多投资者认为今年中国经济增长会放缓，甚至低于7.5%。在不采取更多刺激政策前提下，您所能接受的最低增速是多少？李克强答道：我们之所以把经济增长率定在7.5%左右，考虑的还是保就业、惠民生、增加城镇居民收入，我们更注重数字背后的民生、增长背后的就业。

在一系列政策作用下，中国经济增速缓慢回落，稳中向好。2011年我国经济增长率为9.3%，2012年为7.8%，2013年为7.7%。2013年，中国首次成为世界第一大货物贸易国，货物进出口总额达到25.8万亿元人民币，第三产业占GDP的比重首次超过第二产业，达到46.1%，消费再次超过投资成为拉动经济增长的动力；物价涨幅仅为2.6%，远低于3.5%的预期目标；新增就业人口1300万的数字，超额实现900万人以上的目标任务；城乡居民收入显著增加，区域城乡差距进一步缩小。中国经济在合理区间的范围内先抑后扬，实现了中高速增长的发展目标，充当了国内繁荣稳定、国际缓慢复苏的“稳定剂”。

二、调结构：化解产能过剩之殇

党和政府一再强调，经济发展要转变思路，只要经济运行维持在一个合理区间，就要下大力气调整经济发展结构。为了推动经济结构改革，哪怕是要把经济发展速度降下来一些都是可行的。而推动结构调整，重在化解产能过剩之殇。

2013年8月，一期反映水泥行业发展困境的《“超编”的水泥军团》节目在《经济半小时》中播出，小小的广安市折射出全国水泥产业产能过剩的“窘态”。广安地处中国西南大省——四川，拥有丰富的石灰石资源和煤炭资源，储量分别是300亿吨和10亿吨。得天独厚的资源优势使辖区内水泥企业占尽先机，再加上震后重建和国际金融危机带来的巨大需求，水泥业在一段时期内发展极其迅速。但是，不久之后，广安水泥产业发展却亮起了警示的“红灯”。在广安，以华蓥市为中心的60公里内分布着近9家水泥企业，总产能达到1550万吨，而广安市的总需求只有三四百万吨，就算加上附近的南充市场，两地的总需求也只有八九百万吨。同时，还必须面临重庆合川地区（1500万吨以上）、达州地区（1200万吨以上）等地的多重竞争。作为一种低附加值商品，水泥一般难以远途销售，区域内的需求量直接影响了整个行业的销售量。对于企业来说，解决的办法只有两个。一是以停产的方式逐渐消化库存，等销售状况改善再重启生产。于是，大部分企业都是开开停停，狭小的区域市场实在是难以消化巨大的产品供给。二是打价格战，赔本赚吆喝。一家企业的负责人在节目中介绍道，水泥价格自2011年开始就持续走低，现在基本已经回到了15年前的价格水平，而原材料、人力成本和CPI却随市场价格猛涨。对于一些管理水平弱的民营企业，销售即意味亏损，不销售则意味失去市场，为了保住市场大家只能赔本赚吆喝。

广安的水泥产业发展令人担忧，但是全国类似这样的“超编”军团又岂是少数呢？如何破解中国经济发展中的产能过剩问题，是摆在中央和各级政府面前的一道难题。李克强表示，“今年要淘汰钢铁2700万吨、水泥4200万吨、平板玻璃3500万标准箱等落后产能，确保‘十二五’淘汰任务提前一年完成，真正做到压下来，决不再反弹。”由此可见，中央对于淘汰落后产能，化解产能过剩是下了大力气、硬指标的，是当成了一项政治任务来安排部署的。可是政策的落地还面临两大挑战。

第一，推动市场整合，带领行业从恶性竞争的“迷局”中走出来。所谓“产能过剩”，其实质就是供给严重大于需求，且短时期内难以消解。因此，只有减少供给，提高盈利空间，企业才有机会发展壮大。但是，信息的不对称性、市场经济的片面逐利性往往使经营主体看到有利可图的项目就不顾一切，抓紧上马，使劲生产，结果导致热什么生产什么、贬值什么、亏损什么，从上世纪八十年代一直延续到今天的“彩电热”、“空调热”、“冰箱热”、“VCD热”等就是很好的例证。解决这一问题，应该从缩减供给量入手。如通过企业之间的合并重组，发展一批有潜力、技术过硬、本领够强的优势企业，适时淘汰那些技术落后、产能低下的弱势企业，将区域内的行业优势整合起来。然后，按照产品的实际需求量重新制定行业内部的发展规划，严格控制增量上线。对于发展潜力有限的行业，要积极做好企业发展的升级转型工作，重点发展战略性新型产业；对于一些质优价廉的产品，可以积极考虑向国外市场拓展，争取实现产业的海外转移。多项措施，多管齐下，做到“消化一批、转移一批、整合一批、淘汰一批”，带领行业走向“发展——盈利——再发展”的良性循环。

第二，积极发挥政府对市场的监督指导作用。2013年10月，《国务院关于化解产能严重过剩矛盾的指导意见》出台，安排部署了化解钢铁、水泥、电解铝、平板玻璃、船舶五大行业产能严重过剩问题的解决办法。一是各地方、各部门不得擅自核准、备案产能严重过剩行业新增项目，严格清理上述行业中不符合规定而违规在建的项目，遏制产能的盲目扩张；二是全面清理整顿重点产能过剩行业中违规建成的项目，并加强规范化管理，加快淘汰进程；三是通过提高财政奖励标准，落实等量或减量置换方案等措施，鼓励地方提高淘汰落后产能标准，加大执法处罚力度，加快淘汰落后产能；四是按照区域发展总体战略要求，结合地方自身条件，科学制定产业布局规划，在坚决遏制产能盲目扩张和严控总量的前提下，有序推进产业布局调整和优化；五是扩大国内有效需求，挖掘国内市场潜力，着力改善需求结构；六是巩固扩大国际市场，拓展对外投资合作；七是突破核心关键技术，加强企业管理创新，增强企业创新驱动发展动力；八是创新政府管理，营造公平环境，完善市场机制，建立长效机制。

三、促创新：让创新回归企业主体

回顾近代科技发展的历史，不难发现，现代社会的每一次飞跃都离不开科技创新。无论是蒸汽机的发明使用带领 18 世纪的英国第一个迈入工业社会，还是第二次、第三次科技革命促使美国成为信息时代的世界头号强国，创新带来的是时代的变迁和命运的转折，能否把握好这一大势，决定了国家能否在国际竞争中独占鳌头。因此，习近平高瞻远瞩地指出："实施创新驱动发展战略决定着中华民族前途命运。"

一直以来，党和国家高度重视科技创新工作。2013 年 7 月，习近平在湖北参观调研武汉东湖国家自主创新示范区时指出："一个国家只是经济体量大，还不能代表强。我们是一个大国，在科技创新上要有自己的东西。"他强调，我们这么大的国家，不能做其他国家的技术附庸。我们引进技术，进行消化、吸收和创新，但不是什么东西都可以引进，"关键技术要靠自己"。正如习近平所言，中国的发展不能把希望寄托在其他国家的科技创新上，中华民族的伟大复兴必须走出一条符合中国特色的创新型国家之路。在党和政府的着力推动下，创新型国家建设成果显著。当前，我国已建成较为成熟完备的学科体系，拥有相当数量的高质量科技人才，在基础农学、化学、材料学、地质学等基础学科领域取得重大突破，形成了微子震荡、高温超导、量子通信、超高速光传输、诱导多功能干细胞等尖端科技成果，实现了载人航天、探月工程、北斗导航、载人深潜、拟态计算机等战略性高技术领域科技研发的跨越发展。2006 至 2011 年间，中国全社会研发经费支出从 3000 亿元增长到 8610 亿元，占国内生产总值的比例从

1.42%提升到 1.83%。同时提出将在“十二五”期间实现社会研发经费占国内生产总值的 2.2%，大中型工业企业平均研发投入占主营业务收入比例 1.5%的发展目标。

如此看来，科技创新之路似乎“前程似锦”，但近日，全国政协委员、中国企业家调查系统秘书长李兰的一番言论却不得不引起人们对中小企业创新能力的忧虑。她援引中国企业家调查系统 2013 年针对 10 大行业 3545 位企业家的调查结果称，超过三成的中小企业经营者认为，“创新动力不足”是当前企业发展过程中存在的突出问题；六成中小企业研发投入未超上年。六成的中小企业新产品销售没有增加，创新效果不明显。一半以上的中小企业认为他们的创新环境改善不明显，其中两成的中小企业认为创新环境恶化。与此同时，另一组数据表明，中国约 66%的专利发明、74%以上的技术创新、82%以上的新产品开发由中小企业提供。这些数据概括起来就是一句话，作为创新主力的中小企业，创新热情不足。

可是，作为创新主体的企业和创新主导者的政府对待创新为何反差巨大呢？要真正使企业成为研究开发投入的主体、技术创新活动的主体和创新成果应用的主体，全面提升企业的自主创新能力，促进科技创新成果向生产力的转化还有相当艰难的一段路程。

以河北省为例，2011 年，河北有中小企业总数为 16 万余家，日渐增大的经济下行压力要求这一群体加快提高自主创新能力，实现企业的可持续发展。但是，现实中企业的创新发展受到多方因素的制约。首先，在国际金融危机的持续影响下，一些出口型中小企业订单大幅下滑，市场萎缩，产品滞销。但原材料、劳动力成本等生产要素价格随通胀因素持续上升，使得企业利润微薄，难以保证创新投资到位。其次，金融政策支持不够。一般来说，银行能够提供的资金量原本有限，大部分企业在面临资金偏紧情况时，大都习惯于将研发资金转入流动资金，以解决资金缺口。同时，民间借贷成本高，更是降低了企业增加创新投资的可能。再者，对新产品的知识产权保护不力，对假冒产品打击不严，造成中小企业创新投入的主动性不足。除此以外，企业内部管理水平有限，技术的对外依赖性强，科研人员严重缺乏，创新激励政策不完善等都严重制约了中小企业的创新发展。

由此可见，要充分发挥政府的主导作用、市场在资源配置中的基础性作用、国家科研机构的骨干和引领作用、大学的基础和生力军作用，就必须首先树立企业在技术创新中的主体地位，让企业成为研发投入、创新活动和推广应用的主体。对此，李克强总理在第十二届全国人大二次会议上所作的《政府工作报告》中强调，“强化企业在技术创新中的主体地位，鼓励企业设立研发机构，牵头创建产学研协同创新联盟。全面落实企业研发费用加计扣除等普惠性措施。把国家自主创新示范区股权激励、科技成果处置权、收益权改革等试点政策，扩大到更多科技园区和科教单位……实行国家创新调查和科技报告制度，鼓励科研人员创办企业。加强知识产权保护和运用。重视科普工作和科学精神建设。深入实施人才发展规划，统筹重大人才工程，鼓励建立研发人员报酬与市场业绩挂钩机制，使人才的贡献与回报相匹配，让各类人才脱颖而出、人尽其才、才尽其用。”只有将政府、企业、科研院所的创新力量整合起来，才能促进科技与经济社会发展的结合，推动我国经济的转型升级。

四、重质量：启动全面政绩考核新机制

总体来看，我国经济发展的外部环境并不容乐观。国际上，发达国家发挥在中高端技术领域的技术、资本等优势，与中国开展日趋激烈的竞争，崛起中的新兴经济体则在低端技术领域奋力追赶。在国内，随着原材料价格、劳动力成本等价格因素的上涨和政策优势逐步削弱，支撑我国经济增长的优势正在进一步消减，经济发展的主要任务必须从追求经济规模扩张转向以提高经济增长质量和效益为中心。一年多以来，党和政府结合新形势下开展经济工作的要点，多次提出经济工作“要以提高经济增长质量和效益为中心”，并且相继在十八大报告、十八届三中全会、2013 年经济工作会议、2014 年《政府工

作报告》等重大会议、决定、文件上作了相关安排。

事实上，提高经济发展质量是针对盲目以经济发展数量的高低作为经济发展程度的考核标准的回击。习近平就曾多次指出，“增长必须是实实在在和没有水分的增长，是有效益、有质量、可持续的增长”，不能把发展简单化为增加生产总值，在评价工作和考察干部时，不能一味以生产总值排名比高低、论英雄。他强调，要努力实现经济发展质量和效益得到提高又不会带来后遗症的速度。要加快转方式、调结构、促改革、惠民生，不断增强发展的质量、效益和后劲。李克强在2013年9月大连夏季达沃斯论坛开幕式上强调：“中国未来的增长必须以提高质量和效益为前提，必须以资源节约和生态环保为支撑，必须以科技创新和技术进步为动力，必须是保证就业和居民收入相应增加的增长。”因此，提高经济增长的质量和效益，必须首先抛弃“唯GDP论英雄”的政绩观。

长期以来，经济工作的开展往往片面地把政府的工作实绩等同于经济发展效果，把经济发展效果等同于GDP的机械化数字。这两个“等式”虽然解决了中国人民的温饱问题，在很大程度上解决了人民的进一步发展需要，但是也不可回避地存在很多的问题。现实生活中，一些地方忽视自身情况，以牺牲环境、资源为代价换取经济增长速度，片面追求污染的、不可持续的、甚至“带血”的GDP。一些地方热衷于搞一些“短平快”的政绩工程，甚至不惜大举借债，为经济社会的发展带来沉重的包袱。比如，2006年震惊国内的浙江永康“新农村建设案”。当年，永康市荆山夏村被列为新农村建设试点村，为了所谓的“政绩”，当地政府耗资8000多万元统一建造了111幢“村民别墅”，最后由于质量问题成了烂尾楼。再比如，一些国家级贫困县以招商引资为名大肆举办“水果节”、“旅游节”等，花费巨资搭建豪华舞台，邀请各路明星，结果是招商引资不见效，地方债台高高筑起。这些“政绩工程”最终没有成为政府为老百姓办实事的“功德簿”，反倒成了地方官员获取晋升的“垫脚石”。华而不实的“政绩工程”严重损害了政府形象，激化了干群矛盾，危害了经济社会长期稳定发展的大局。

在经济发展的新时期，形势发展要求我们必须改革政绩考核机制，从制度层面纠正“以 GDP 论英雄”的发展误区，将经济发展提高到一个更讲质量和效益的新阶段。

2013 年 12 月，中央组织部下发《关于改进地方党政领导班子和领导干部政绩考核工作的通知》，正式启动全面政绩考核的新机制。其中有以下亮点。

一是，不再单纯以地区生产总值及增长率来衡量地方发展成效，不再简单以地区生产总值及增长率排名评定下一级领导班子和领导干部的政绩和考核等次，而是主要考察地方政府在经济、政治、文化、社会、生态文明建设和党的建设等全面工作上的实际效果。对限制开发的农产品主产区和重点生态功能区，分别实行农业优先和生态保护优先的绩效评价，不考核地区生产总值、工业等指标；对禁止开发的重点生态功能区，全面评价自然文化资源原真性和完整性保护情况；对生态脆弱的国家扶贫开发工作重点县取消地区生产总值考核，重点考核扶贫开发成效。

二是，对于领导干部的考察，要根据不同地区、不同层级、不同职位的职责要求，设置各有侧重、各有特色的考核指标；加强对政绩的综合评价分析，辩证地看主观努力与客观条件、前任基础与现任业绩、个人贡献与集体作用，既看发展成果，又看发展成本与代价；既注重考核显绩，更注重考核打基础、利长远的潜绩；既考核尽力而为，又考核量力而行，全面历史辩证地评价领导班子和领导干部的政绩。

三是，把政府负债作为政绩考核的重要指标，强化任期内举债情况的考核、审计和责任追究，防止急于求成，以盲目举债搞“政绩工程”。注重考核发展思路、发展规划的连续性，考核坚持和完善前任正确发展思路、一张好蓝图抓到底的情况，考核积极化解历史遗留问题的情况，把是否存在“新官不理旧账”“吃子孙饭”等问题作为考核评价领导班子和领导干部履职尽责的重要内容。

回到本节开头的三个问题，中国经济真的不行了吗？持续多年的单位数增长是否预示着中国难挡经济下行的衰退？“中等收入陷阱”的怪圈难道果真要圈住这个刚刚展露头角的发展中大国？答案是否定的。新世纪新时期，经济增长速度的缓慢回落是主动调控，旨在提高经济发展质量的结果。中国经济将在中高速增长的轨道上，以健全合理的经济发展结构、源源不断的科技创新、高效优质的经济发展质量，与世界各国一起拉动世界经济缓慢复苏，与全人类共享经济社会发展的优秀成果。

第四篇

夯实国家治理的基石：财税体制改革

李克强总理在第十二届全国人大二次会议上所作的《政府工作报告》中指出：抓好财税体制改革这个重头戏。实施全面规范、公开透明的预算制度。着力把所有政府性收入纳入预算，实行全口径预算管理。各级政府预算和决算都要向社会公开，部门预算要逐步公开到基本支出和项目支出，所有财政拨款的“三公”经费都要公开，打造阳光财政，让群众看明白、能监督。提高一般性转移支付比例，专项转移支付项目要减少三分之一，今后还要进一步减少。推进税收制度改革，把“营改增”试点扩大到铁路运输、邮政服务、电信等行业，清费立税，推动消费税、资源税改革，做好房地产税、环境保护税立法相关工作。进一步扩展小微企业税收优惠范围，减轻企业负担。抓紧研究调整中央与地方事权和支出责任，逐步理顺中央与地方收入划分，保持现有财力格局总体稳定。建立规范的地方政府举债融资机制，把地方政府性债务纳入预算管理，推行政府综合财务报告制度，防止和化解债务风险。

一、政府怎样花钱：实施全面规范、公开透明的预算制度

财政是国家治理的基础和重要支柱，科学的财税体制是优化资源配置、维护市场统一、促进社会公平、实现国家长治久安的制度保障。现行财税体制是在 1994 年分税制改革的基础上逐步完善形成的，对实现政府财力增强和经济快速发展的双赢目标发挥了重要作用。

图表 1　政府收入占 GDP 比重

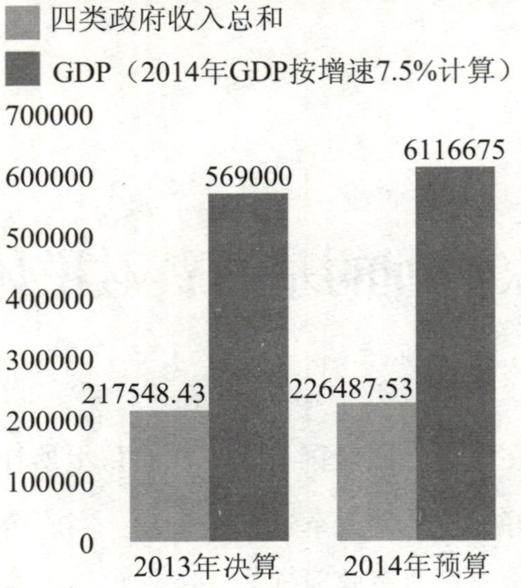

中国目前的政府收支格局，主要由四类预算构成：公共财政预算、政府性基金预算、社会保险基金预算和国有资本经营预算。表面上看，几乎全部政府收支都纳入了预算管理，但是这背后却潜藏着一系列久治不愈的非规范性“顽疾”。首先，尽管有四类预算，且都向人民代表大会报告，但人代会能够同时行使审议、批准权限的只有公共财政预算。除此之外的政府性基金预算、社会保险基金预算和国有资本经营预算的收与支，均不需经过人代会批准，充其量只是作“备案”性审议。第二，尽管四类预算收支都是公共性收支，都是来自企业和居民，用于企业和居民，但是，无论在预算编制环节，还是在执行环节，除了公共财政预算可在各级政府层面统筹安排外，其余三类预算的收与支均由不同政府职能部门掌控。第三，由于不能将所有政府收支纳入统一制度框架，人代会对政府预算的审批就只能是“区别对待”式的，本属同一性质的各种政府收支运作也就难免“政出多门”。第四，即便按照扣除国有土地出让收入之后的口径计算，2013年，全部政府收入占 GDP 比重仍高居 30%上下。虽然政府财力总额不算少，但因分别装在规范性程度不同的“口袋”里，造成很多问

题。[①]因此，需要着力把所有政府性收入纳入预算，实行全口径预算管理。

图表 2　2013 年决算和 2014 年预算各类政府收入占比

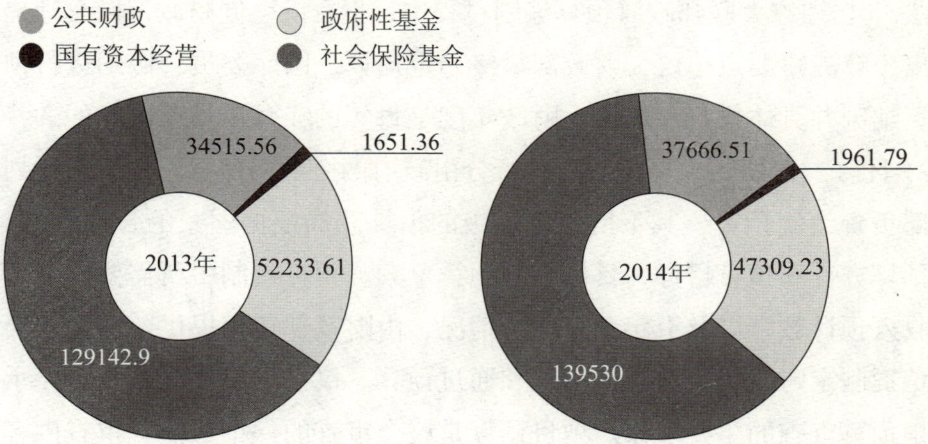

实行全口径预算管理，实际上就是实现各级人民代表大会对同级政府所有政府性收支行为的立法控制，使政府部门的收支行为完全接受各级人民代表大会和全体社会成员的监督。也就是说，所有政府收支都应当取得立法机构的授权。例如，在上海、江苏等多个地方，今年都逐步实行了全口径预算决算审查监督新机制，预算报告集齐了"四本账"——政府公共预算、政府性基金预算、国有资本经营预算、社会保障基金预算。以上海为例，今年的财政报告就明确列出：2013 年全市地方公共财政收入为 4109.5 亿元，包括国有土地使用权出让收入等在内的政府性基金收入则为 2340.4 亿元，国有资本经营预算、社会保障基金预算也都入账。有了全口径预算，更多账单就能一目了然。例如，近年来地方政府的土地收入水涨船高，天价地皮费用去了哪里？在上海市的预算报告里可以看到，2013 年全市国有土地使用权出让收入为 793.2 亿元，支出为 781.1 亿元，其中重点区域、旧区改造等土地储备支出 560.8 亿元，虹桥、临港地区城市建设支出 180.8

①高培勇：《预算改革：既要透明更要规范》，《经济参考报》2014 年 3 月 6 日。

亿元，安居工程及大型居住区市政设施支出 31.5 亿元……[①]实行全口径预算管理，让老百姓对政府的收支情况一目了然。

实施全面规范、公开透明的预算制度，可以借鉴国外的一些做法。(1)加拿大联邦政府预算编制过程中，枢密院会同财政部向总理提出预算战略要点建议，财政部最终制定预算，国库委员会协助进行预算编制并具体执行。加拿大财政年度是每年的 4 月 1 日至次年的 3 月 31 日。(2)巴西的预算编制和执行分由政府两个部门负责。预算与计划部负责编制预算，其下所设副部级的预算总局根据国家的长期计划，预算方针和预算目标，具体编制预算草案。预算编制中所需要的下年收入预计数字以及上年预算执行情况，由财政部负责提供。巴西议会负责制定财政法令法规，审议和通过预算。议会下设预算委员会，承担预算审查的主要工作。项目预算是议会审查的一个重点，审查内容详细、具体。如公路项目审查，对比较长的公路不仅审查到哪一条道路，还要审查到具体路段，并对主管部门与施工单位的合同进行审查。在预算审查过程中，联邦审计法院大约有 400 人左右为预算委员会工作，提供各种专业帮助和专业支持。预算执行中，审计法院发现有不正当行为，可向议会作出报告，议会有权停止支付该项目的资金。(3)澳大利亚政府体制通常被称为“议会政府体制”，议会在其政府体制中处于中心位置。这种体制的基本内涵就是，没有法律授权，没有任何财政资金能从国库中支取，政府的重要工作就是要让钱花得与议会批准的方案相一致。

二、“营改增”试点扩大：进一步推进税收制度改革

李克强总理在第十二届全国人大二次会议上所作的《政府工作报告》中提出：把“营改增”试点扩大到铁路运输、邮政服务、电信等行业，清费立税，推动消费税、资源税改革，做好房地产税、环境保护税立法相关工作。

---

①周琳、何欣荣:《政府花钱怎样一目了然？——从地方两会看财政“账本”》,新华网 2014 年 1 月 25 日。

2011年，经国务院批准，财政部、国家税务总局联合下发《营业税改征增值税试点方案》。从2012年1月1日起，在上海交通运输业和部分现代服务业开展营业税改征增值税试点。至此，货物劳务税收制度的改革拉开序幕。自2012年8月1日起至年底，国务院将扩大“营改增”试点至10省市。截止2013年8月1日，“营改增”范围已推广到全国试行。2013年12月4日，国务院总理李克强主持召开国务院常务会议，决定从2014年1月1日起，将铁路运输和邮政服务业纳入营业税改征增值税试点，至此交通运输业已全部纳入营改增范围。

增值税最先起源于法国，是一个较新的税种，但发展速度很快。实行增值税的国家，上世纪60年代不到10个，至今已经超过150个。其原因主要有两个：第一，对政府来说，增值税具有很好的筹集财政收入的能力；第二，相对其他类型的流转税，增值税具有更好的经济中性特征。我国的“营改增”从制度上解决了货物和服务税制不统一和重复征税问题，有利促进经济持续健康发展。主要表现在：“营改增”使增值税的抵扣机制得以延伸，不仅服务业内部的抵扣链条被贯通，而且二三产业之间的链条也被打通，一定程度上解决了重复征税问题，减轻了企业税负，优化了税制；增值税抵扣机制促进了服务业优化经营模式、加强内部管理、加快设备更新、扩大业务需求、提升议价能力，大大增强了服务业的自我发展能力和市场竞争力；“营改增”直接受益的虽然是服务业，但同时也推动了制造业的服务外包、主辅分离；“营改增”增强了企业活力，企业转型升级的动力普遍增强，内部管理水平也明显提高；“营改增”对试点企业提供的国际运输服务、出口的研发和设计服务实行零税率，服务贸易出口纳入出口退税范围，使国内服务业企业与国外同行处于更加平等的竞争地位，促进了服务贸易出口，增强了企业国际竞争能力。同时，“营改增”扩大了出口货物适用退税的进项税范围，出口退税力度加大，促进了货物的出口。

2014年3月13日，财政部税政司发布“营改增”试点运行的基本情况：(一)试点范围扩展到全国。自2013年8月1日起，交通运输业和部分现代服务业营改增试点扩大到全国。试点不再局限于部分地区，消除了地区间的政策差异，促进了市场的公平和统一。(二)试点行业继续增加。2013 年 8 月 1 日推进试点时，将广播影视服务纳入试点，扩大了部分现代服务业范围；2014 年 1 月 1 日，铁路运输业和邮政业纳入试点，试点行业进一步增加。(三)试点户数大幅增长。截至 2013 年底，约有 270 万户企业实现税制转换，比上年同期增加了 167 万户，增长 1.6 倍。(四)减税规模突破千亿。“营改增”试点后，试点企业总体实现减税，同时，其下游企业因抵扣增加也普遍减税。据统计，2013 年减税规模超过 1400 亿元，比上一年 426 亿元的规模高出近 1000 亿元。目前，随着试点的推进，试点政策体系和管理措施逐渐成熟。财税部门对试点的税收、预算、国库、会计等相关政策分别进行了梳理、整合、调整和完善，便利了征纳双方理解和执行，试点制度体系日趋完备。[①]随着“营改增”试点范围的不断扩大，改革红利进一步得以释放。

三、激发企业活力：扩展小微企业税收优惠范围，减轻企业负担

李克强总理在第十二届全国人大二次会议上所作的《政府工作报告》中指出，2013 年扩大“营改增”试点，取消和免征行政事业性收费 348 项，减轻企业负担 1500 多亿元。这些都为市场松了绑，为企业添了力，全国新注册企业增长 27.6%，民间投资比重上升到 63%，全面放开贷款利率管制，在全国进行中小企业股份转让系统试点，启动不动产统一登记。对小微企业实行税收优惠，600 多万户企业受益。

小微企业是小型企业、微型企业、家庭作坊式企业、个体工商户的统称。小微企业在社会主义市场经济中占有重要地位，它与就业、经济增长和社会稳定息息相关，是市场经济活力的重要体现，是支撑经济社会发展的基础力量。

2011 年以来，在原有的税收优惠政策之上，中央继续加大对小型微型企业的税收扶持力度。第一，增值税、营业税起征点提高。财政

①国家财政部税政司：《2013 年营改增试点运行情况》，2014 年 3 月 13 日。

部令第65号：有关增值税起征点的幅度规定为：销售货物以及应税劳务的，为月销售额5000—20000元；按次纳税的，为每次(日)销售额300—500元。有关营业税起征点的幅度规定为：按期纳税的，为月营业额5000—20000元；按次纳税的，为每次(日)300—500元。第二，企业所得税税收优惠：财税〔2011〕117号规定：自2012年1月1日至2015年12月31日，对年应纳税所得额低于6万元（含6万元）的小型微利企业，其所得减按50%计入应纳税所得额，按20%的税率缴纳企业所得税。第三，个人所得税优惠：财税〔2011〕62号规定：对个体工商户业主、个人独资企业和合伙企业自然人投资者的生产经营所得依法计征个人所得税时，个体工商户业主、个人独资企业和合伙企业自然人投资者本人的费用扣除标准统一定位42000元/年(3500元/月)。第四，印花税优惠政策：财税〔2011〕105号规定：自2011年11月1日起至2014年10月31日止，对金融机构与小型、微型企业签订的借款合同免征印花税。第五，自2012年1月1日起至2014年12月31日，对依照工信部联企业〔2011〕300号文件认定的小微企业，免征税务部门收取的税务发票工本费等。

据国家税务总局统计，目前，直接从税收优惠中受益的小微企业已近1000万户次。其中，一大优惠是对年应纳税所得额低于6万元的小型微利企业，其所得按50%计入应纳税所得额后征收企业所得税。目前，有超过120万户小型微利企业申报享受该优惠政策。另一优惠是自2013年8月1日起，对小微企业中月销售额或营业额不超过2万元的增值税小规模纳税人和营业税纳税人，暂免征收增值税或营业税。这一政策使600万户小微企业受益。“营改增”试点中对小规模纳税人按照3%的征收率计税，这部分纳税人原营业税税率为5%，相当于税负降低了40%。同时，还有相当数量的小微企业间接从税收优惠中受益，如国家将符合条件的中小企业公共技术服务示范平台纳入科技开发用品给予税收优惠。再比如，通过免征、减征金融机构的印花税、营业税，鼓励引导金融机构加大对小微企业支持力度，2013 年有超过 1000 万户次小微企业获得了贷款。[①]我们相信，随着政府工作报告中一系列相关政策的落实，2014 年将有更多的小微企业获得税收优惠支持。

我们在看到这些可喜动向的同时，也要更多关注小微企业的金融服务问题。根据中国人民银行调查统计司统计：2013 年中国小微企业的人民币贷款增速达到了 14.2%，贷款平均增速是 14.1%。小微企业贷款增速，在所有企业中是最快的。根据中央财经大学民泰金融研究所主编的《中国中小企业金融服务发展报告（2013）》：2012 年，发展小微企业金融服务的政策“雷声”远不如往年那么响，那些鼓励和支持中小微企业及其金融服务发展的政策虽再次被提起，但大多仍然只停留在纸面上。与此同时，来自市场的力量被给予了更多的期望。报告特别强调，实体经济是金融服务发展的基础，中小微企业发展不好，中小微企业金融服务只能成为无源之水，无本之木。在经济告别高速增长，进入深度结构调整的时期，中小微企业面临的经营困难很难在短时间内扭转。减税已经成为广大中小微企业最为期待的政策，尽管近年有结构性减税出台，但减税的力度远远低于市场预期。报告呼吁，2013 年支持小型微型企业和个体工商户发展的各项税收优惠政策以及促进民间投资的政策能真正给力并能真正得到落实，切实改善中小微企业的经营环境，为中小微企业创造新的市场空间和发展机遇，使中小微企业金融服务成为有源之水，有本之木，保持持续发展的势头。

在国外，很多政府也出台措施扶持小微企业发展。首先，在税收优惠方面，英国、日本对小企业实行低税率，美国按个人所得税率征收小企业的企业所得税，德国降低了小企业所得税率的上、下限。德国对符合条件的小企业免征营业税或流转税；法国对新建小企业免 3 年所得税，某些地区期满后仍享受 50%的税收优惠；日本对研发型中小企业给予所得税减免且试验研究费可税前列支，还对小企业共同使

①《税务总局局长王军：今年更多小微企业将获税收优惠支持》，新华网 2014 年 3 月 10 日。

用的机械设备减征固定资产税。俄罗斯将利润税、销售税、财产税、社会税和增值税合并简化为小企业包定收入统一税，将纳税额降低了一半左右。其次，对小微企业提供直接的财政补贴。如德国和意大利两国政府，对符合条件的小微企业提供的补贴分别达总投资额的30%和50%。对于创办中小企业的失业者，英国政府每周补贴其40英镑，德国政府则给予1.2万欧元的一次性资助。法国政府为小企业主负担第一年50%的专业人才聘用费用，土耳其小微企业雇用的大学本科毕业生前半年税前工资的70%及新员工培训费用的50%由政府承担。还有的对小微企业研发设立政府专项计划、专项基金资助或给予财政补贴。如美国的小企业创新研究计划、英国的小企业研究和技术奖励计划、德国的中小企业研究与技术专项基金等。各国还通过政府采购、提供政府贷款或贷款担保来间接扶持小微企业，如小微企业产品的法定政府采购，为小微企业提供贷款贴息，对小微企业提供贷款或对其融资提供信用担保等。再次，各国地方财政在扶持小微企业方面也承担了相应的责任。法国各地方政府从本地实际出发，对小微企业发展制订了一系列扶持政策，例如设立就业地区发展补贴，对3年内增加投资5万欧元以上和增加职工6人以上的中小企业，每增加1名就业人员，地方政府补贴2000—2500欧元；对3年内增加30人以上的服务行业中小企业，每增加一个员工地方补贴1500—3000欧元。最后，国外还有扶持小微企业的金融措施，主要包括金融机构的间接融资支持、资本市场的直接融资支持以及民间金融的补充融资支持，其中，以政府积极参与的金融机构的间接融资支持为主。另外，政府还有帮助中小企业创新的专用资金。[①]国外这些做法，值得我们思考和借鉴。

四、调动两个积极性：理顺中央与地方收入划分

1956年初，毛泽东用了两个多月的时间先后听取了中央34个部委的汇报，汇报的内容主要是有关经济建设问题的调查研究。关于正

①顾培红:《国外支持小微企业的政策措施》,《上海工商》2012年第7期。

确处理十大关系的思想，就是在这个基础上，经过中央政治局的几次讨论，由毛泽东集中概括出来的。同年4月25日，毛泽东在政治局扩大会议上作了《论十大关系》的报告。报告在谈到中央与地方的关系时指出："中央和地方的关系也是一个矛盾。解决这个矛盾，当前要注意的是，应当在巩固中央统一领导的前提下，扩大一点地方的权力，给地方更多的独立性，让地方办更多的事情。这对我们建设强大的社会主义国家比较有利。我们的国家这样大，人口这样多，情况这样复杂，有中央和地方两个积极性，比只有一个积极性好得多。我们不能像苏联那样，把什么都集中到中央，把地方卡得死死的，一点机动权也没有。……处理好中央和地方的关系，这对于我们这样的大国大党是一个十分重要的问题。这个问题，有些资本主义国家也是很注意的。它们的制度和我们的制度根本不同，但是它们发展的经验，还是值得我们研究。"①1995年9月28日，江泽民同志在党的十四届五中全会闭幕时发表《正确处理社会主义现代化建设中的若干重大关系》的重要讲话，强调："在新形势下，必须更好地坚持发挥中央和地方两个积极性的方针。总的原则应当是：既要有体现全局利益的统一性，又要有统一指导下兼顾局部利益的灵活性；既要有维护国家宏观调控权的集中，又要在集中指导下赋予地方必要的权力……只有把中央和地方两个积极性都发挥好，才能使国民经济既生机勃勃又持续健康地向前发展。"②发挥中央和地方两个积极性，是建设中国特色社会主义的重要方针。

2007年的诺贝尔经济学奖颁给了研究机制设计理论的三位经济学家，而"激励兼容"是机制设计理论的一个核心概念。所谓"激励兼容"，是指在市场经济中，每个理性经济人都会有自利的一面，其个人行为会按自利的规则行动；如果能有一种制度安排，使行为人追求个人利益的行为，正好与企业实现集体价值最大化的目标相吻合，这

①《毛泽东文集》第7卷，人民出版社1999年版，第31-32页。
②《江泽民文选》第1卷，人民出版社2006年版，第472页。

一制度安排，就是“激励兼容”。贯彻“激励兼容”原则，能有效地解决个人利益与集体利益之间的矛盾冲突，使行为人的行为方式、结果符合集体价值最大化。1994 我国开始实施分税制财政管理体制。对于理顺中央与地方的分配关系，调动中央、地方两个积极性，加强税收征管，保证财政收入和增强宏观调控能力，都发挥了积极作用。分税制财政管理体制确立的过程，生动地说明了理顺中央与地方收入划分的重要性。1993 年，“负责财税改革工作的常务副总理朱镕基同志亲自带队，用了两个多月的时间，带领相关部门的同志，先后走了 13 个省，面对面地算账，深入细致地做思想工作……事后镕基同志曾经半开玩笑地说过，自己那段日子是东奔西走，南征北战，苦口婆心，有时忍气吞声，有时软硬兼施。……在推进重大财税改革时，必须要取得地方政府的强有力支持。这是必要的妥协，这个代价必须付出，这一让步争取了民心，统一了思想，保证了分税制改革的顺利推行。因为这场宏观经济体制改革如果进行不下去，社会主义市场经济就是一句空话，它是为社会主义市场经济奠基的，对中国来说，它是经济发展、长治久安的基础。”[①]分税制财政管理体制，是“激励兼容”的成功案例。

中央与地方事权和支出责任是一个世界性的问题，各国的做法也有不同。(1)德国《基本法》对联邦、州、地方三级政府的基本事权范围作了如下划分：联邦政府的支出范围主要包括联邦行政事务、财政管理和国家海关事务；外交；国家安全和武装力量；联邦铁路、公路、水运、空运和邮政电讯；社会保障，包括失业救济、医疗、退休保险及家庭社会补助等；重大科研计划，主要是核能源、外层空间、航天技术、海洋及数据处理等领域的研究；矿山开采等跨地区的经济开发等。法律规定，联邦货币发行和管理任务由独立的德意志联邦银行负责。根据高效率低成本的管理原则，经过立法机关批准，联邦公路、水道航运、空中交通和控制能源的研究利用等任务也可以委托有关的

①项怀诚：《亲历分税制改革》，《中国财经报》2008 年 8 月 16 日。

州去完成。州政府的支出范围主要包括：州行政事务和财政管理；社会文化和教育事业；卫生、体育事业；法律事务和司法管理；环境保护等。地方政府的支出范围主要是各种地方性事务，包括地方行政事务和财政管理；地方公路建设和公共交通事务；水电和能源供应；科学文化和教育事业，包括成人教育、学校管理、博物馆和剧院等的管理和维护；社会住宅建设和城市发展规划；地方性公共秩序管理；健康和体育事业，以及医院管理和医疗保障；社会救济等。除了上述联邦和州之间明确划分的任务外，有些事务由联邦和州共同承担，主要包括扩建和新建高等院校、地区性经济结构的改善。地方政府还接受联邦和州的委托，承担如公民选举、人口普查等任务。[①] (2)美国联邦、州和地方政府根据各自的权力、税收征收管理水平和经济发展水平等因素，选择了不同的税种作为各自的主体税种，形成不同的税制模式，体现了与美国的联邦制的分权特征相适应的税制特征。

图表3 美国联邦政府统一征收的主要税种

税种	纳税人	备注
社会保障税	顾主、劳动者个人	按工资总额征收
个人所得税	个人	按个人所得征收
公司所得税	企业	按企业所得征收
特别消费税	企业	对特殊商品的消费征收

图表4 各州政府普遍征收的税种

税种	纳税人	备注
销售税	货物和服务批发、零售商	按销售额征收，有的州叫“消费税”
使用税	在低于本州销售税税率的州购买商品而到本州使用的个人	用本州销售税减去它州销售税，所得差额即为使用税
财产税	财产拥有者	按财产评估价值征收
个人所得税	个人	按个人所得征收
公司所得税	企业	按企业所得征收

①《德国财政预算制度及政府间财政关系》，国家财政部网站。

除了这些税种以外，郡、市（镇、村）两“级”地方政府还征收许多税种。[①]（3）在日本，中央政府独立运行的事业费原则上由中央财政负担；地方公共团体及其机构所需的业务经费，原则上由地方负担；对中央和地方都有利害关系的特定业务经费，中央和地方各承担一部分，比例大小根据国家的财政管理制度、社会福利保障制度、政府行政管理体制、经济发展状况及实际财源大小等具体情况来确定。由于各国的规模大小、政治制度、历史传统等因素的影响，中央与地方的事权责任、收入划分等都有着很大差别。我们还是应该从国情出发，在加强中央的统一领导，维护中央权威的基础上，实现中央与地方关系的规范化、法制化。

五、达摩克利斯之剑：防止和化解债务风险

2013 年 12 月 4 日，据 BBC 报道，美国联邦法官裁决认为，底特律市应该获得破产保护，这也是美国最大的破产城市。底特律破产的原因有很多，其中最重要的就是债台高筑。据底特律市破产申请文书显示，底特律有超过 10 万名债主，包括退休个人、公务员、银行和企业、财产持有者。其中，最大的债主为两大公共雇员养老基金——底特律公务员退休管理系统持有 20 亿美元，警察与火警局退休管理系统持有 14 亿美元。底特律的破产引发了一些中国网民感叹，他们认为中国的一些城市也存在着类似底特律的风险。2013 年诺贝尔经济学奖得主罗伯特·希勒认为，随着中国债务平台越来越大，让投机分子钻空子的风险也会增加，因为贷款和贷款之间可以拆东墙补西墙，借新债还旧债，而行业之间也会互相感染，如果控制不当最后就会出现一个非常大的信贷危机。地方政府的债务难道真成了一把悬在我们头上的“达摩克利斯之剑”吗？

2013 年 6 月 10 日，国家审计署公布对 36 个地方政府本级政府性债务余额 38475.81 亿元的抽查报告，此数据比 2010 年增长了 12.94%。

①《关于美国税权划分问题》，国家财政部网站。

该数据发布后，国际评级机构穆迪便在 6 月 13 日表示，从 2010 年末至 2012 年末，中国地方政府的直接和担保债务可能已经上升 13%，至 12.1 万亿元。2013 年 8—9 月，审计署按照“见人、见账、见物，逐笔、逐项审核”的原则，全面摸清了我国政府性债务的底数。审计结果显示，截至 2013 年 6 月底，全国各级政府负有偿还责任的债务 206,988.65 亿元，其中地方政府负有偿还责任的债务 108,859.17 亿元。

针对国内外普遍关注的债务问题，2014 年 3 月 13 日，李克强总理在记者招待会上表示，“对金融和债务风险我们一直高度关注，去年在经济下行压力加大的情况下，我们果断决定全面审计政府性债务问题，这本身表明要勇于面对。审计的结果如实对外公布，表明债务风险是总体可控的，而且政府的债务率还在国际公认的警戒线以下。很多债务还是投资性的，但我们不能忽视其中存在的风险，正在加强规范性措施。下一步，包括采取逐步纳入预算管理，开正门、堵偏门，规范融资平台等措施。”这些措施就包括：建立规范的地方政府举债融资机制，把地方政府性债务纳入预算管理，推行政府综合财务报告制度，防止和化解债务风险。这表明政府是有信心、有措施化解债务风险，促进中国经济健康发展的。

其实，很多国家都存在地方政府债务问题。(1)美国地方政府均可以举债，但州政府一般都有法律规定地方政府举债的使用范围和规模。如政府举债只能用于弥补资本性预算的不足，而不能用于经常性预算。在举债规模上，也有相应的界限。例如，宾夕法尼亚州第 52 项法案规定：若经全民投票表决同意，地方政府举债规模可不受限制；非经全民表决的当年举债规模不得超过地方政府举债基数的 2.5 倍（举债基数等于前三年收入数扣除联邦和州政府的专项补助、指定用于偿债的收入、偿债基金利息收入、专项支出、财产销售收入及其它一次性收入后的三年平均数），累计净债务不得超过举债规模的 3.5 倍。对于举债，地方政府一般出台更严格的规定。如 MT.Lebanon 市规定，如果非经全民表决的净债务规模超过举债基数的 2.5，议会不得批准再发行新债务。北卡罗莱纳州（North Carolina）对全州债务的管理，权力更为集中。该州成立了一个地方政府委员会（由州国库部门负责人、州秘书长、州审计长、收入部门负责人以及州长聘请的三个人、议会聘请的二个人等九个人组成），负责审核地方政府的债务发行，为地方政府的财政管理提供帮助。该项工作具体由州和地方政府财政处负责（该机构同时向州国库部门等机构提供服务）。该处负责该州所有地方政府债务的审批、出售、发行工作，包括为地方政府决定发债项目的必要性、发债规模提供咨询服务和帮助；审查债务发行是否符合有关政策；分析对税率的影响等。在提交地方政府委员会批准前，该处必须解决债务发行的法律问题。[①]（2)澳大利亚对于地方政府债务实行联邦政府和地方政府共同协商管理的方式。根据澳大利亚联邦宪法第四章第一百零五条的规定，在联邦与州达成协议的基础上，州政府有权进行举债，并有义务对该项债务进行监督和偿还。经澳大利亚财政部部长批准，可以通过透支、贷款或其他方式举借债务。为了应对地方政府债务的风险，澳大利亚逐步形成了以预算管理、规模控制、信用评级、透明度要求、债务化解为内容的风险管理基本框架。(3)1982年，法国推行中央与地方分权，实行中央、大区、省和市镇四级财政体制，各级预算相对独立，各级政府也均可以举债。由于中央与地方政府以及地方各级政府之间事权与财权明晰，各级财政之间不存在隶属关系，从而使得地方政府债务防范有了很好的体制保障。可见，在国外，法律明确规定中央与地方政府的财权与事权，允许地方政府举债。宪法和法律都对中央政府与地方政府的权力划分以及地方政府财权与事权相匹配作出了明确规定，在此前提下，建立较为规范的地方政府性债务管理法律体系，通过预算制度的授权，允许地方政府发行债券，并对债务管理主体、举债方式、资金筹措、使用、偿还等做出明确规定，依法接受监督等。[②]这些做法可以给我们化解地方政府债务风险带来有益的启示。

---

①《美国地方政府预算管理透析》，国家财政部网站。

②王世成：《国外地方政府性债务风险管理模式特点研究》，国家审计署网站。

第五篇

对碧水蓝天的追求：生态文明与建设美丽中国

李克强总理在第十二届全国人大二次会议上所作的《政府工作报告》中指出：生态文明建设关系人民生活，关乎民族未来。雾霾天气范围扩大，环境污染矛盾突出，是大自然向粗放发展方式亮起的红灯。必须加强生态环境保护，下决心用硬措施完成硬任务。

出重拳强化污染防治。以雾霾频发的特大城市和区域为重点，以细颗粒物($PM_{2.5}$)和可吸入颗粒物(PM_{10})治理为突破口，抓住产业结构、能源效率、尾气排放和扬尘等关键环节，健全政府、企业、公众共同参与新机制，实行区域联防联控，深入实施大气污染防治行动计划。今年要淘汰燃煤小锅炉 5 万台，推进燃煤电厂脱硫改造 1500 万千瓦、脱硝改造 1.3 亿千瓦、除尘改造 1.8 亿千瓦，淘汰黄标车和老旧车 600 万辆，推广新能源汽车，在全国供应国四标准车用柴油。实施清洁水行动计划，加强饮用水源保护，推进重点流域污染治理。实施土壤修复工程。整治农业面源污染，建设美丽乡村。我们要像对贫困宣战一样，坚决向污染宣战。

推动能源生产和消费方式变革。加大节能减排力度，控制能源消费总量，今年能源消耗强度要降低 3.9%以上，二氧化硫、化学需氧量排放量都要减少 2%。要提高非化石能源发电比重，发展智能电网和分布式能源，鼓励发展风能、太阳能、生物质能，开工一批水电、核电项目。加强天然气、煤层气、页岩气勘探开采与应用。推进资源性产品价格改革，建立健全居民用水、用气阶梯价格制度。实施建筑能效提升、节能产品惠民工程，发展清洁生产、绿色低碳技术和循环技术，提高应对气候变化能力。强化节水、节材和资源综合利用。加快开发应用节能环保技术和产品，把节能环保产业打造成生机勃勃的朝阳产业。

推进生态保护与建设。继续实施退耕还林还草，今年拟安排 500 万亩。实施退牧还草、天然林保护、防沙治沙、水土保持、石漠化治理、湿地恢复等重大生态工程。加强三江源生态保护。落实主体功能区制度，探索建立跨区域、跨流域生态补偿机制。生态环保功在当代、利在千秋。各级政府和全社会都要进一步积极行动起来，呵护好我们赖以生存的共同家园。

一、亮起的红灯：当前的环境问题及其危害

2014 年全国“两会”召开前的网络民意调查显示，全面深化改革方案如何落实，国家治理体系和治理能力现代化怎样推进，如何守护“舌尖上的安全”等热点问题备受关注。其中，雾霾治理成为提及频度最高的热点之一。环境，已经向我们亮起来“红灯”……

根据不完全统计，中央政治局常委今年“两会”期间的讲话涉及环境问题的超过十人次。而在去年“两会”期间，公开报道中能查询到的、提及生态环境问题的常委人数为 3 人，提及次数也远少于今年。常委们今年对生态文明体制改革的关注还具体体现在与地方代表的互动过程中，$PM_{2.5}$、水污染成为被中央领导问及最多的环境问题。3 月 6 日，习近平总书记在参加广东团审议时又问起了环境：“珠三角现在 $PM_{2.5}$ 是多少？”“广州市对机动车限行限购吗？”“东江的水质怎么样？”3 月 7 日，在参加贵州团审议时，习近平再次提到了 $PM_{2.5}$。当听到贵州 $PM_{2.5}$ 指数平均值都在 50 以下时，习近平表示，空气质量直接关系到广大群众的幸福感。他幽默地说，将来可以制作贵州的“空气罐头”。“两会”期间，李克强也多次提到了雾霾等环境问题，关注污染治理技术和如何用改革方法治污。这充分说明，环境问题已经引起举国关注。

根据环境保护部发布的《2012 年环境统计年报》:2012 年全国废水排放总量 684.8 亿吨。其中，工业废水排放量 221.6 亿吨，城镇生活污水排放量 462.7 亿吨。废水中化学需氧量排放量 2423.7 万吨，其中工业源化学需氧量排放量为 338.5 万吨，农业源化学需氧量排放量为 1153.8 万吨，城镇生活化学需氧量排放量为 912.8 万吨。废水中氨氮排放量 253.6 万吨，其中工业源氨氮排放量为 26.4 万吨，农业源氨氮排放量为 80.6 万吨，城镇生活氨氮排放量为 144.6 万吨。

全国废气中二氧化硫排放量 2117.6 万吨。其中，工业二氧化硫排放量为 1911.7 万吨，城镇生活二氧化硫排放量为 205.7 万吨。全国废气中氮氧化物排放量 2337.8 万吨。其中，工业氮氧化物排放量为 1658.1 万吨，城镇生活氮氧化物排放量为 39.3 万吨，机动车氮氧化物排放量为 640.0 万吨。全国废气中烟（粉)尘排放量 1234.3 万吨。其中，工业烟(粉)尘排放量为 1029.3 万吨，城镇生活烟(粉)尘排放量为142.7 万吨，机动车烟(粉)尘排放量为 62.1 万吨。

全国一般工业固体废物产生量 32.9 亿吨，综合利用量 20.2 亿吨，贮存量 6.0 亿吨，处置量 7.1 亿吨，倾倒丢弃量 144.2 万吨，全国一般工业固体废物综合利用率为 61.0%。全国工业危险废物产生量 3465.2 万吨，综合利用量 2004.6 万吨，贮存量 846.9 万吨，处置量 698.2 万吨，倾倒丢弃量 16.1 吨，全国工业危险废物综合利用处置率为 76.1%。

全国共调查统计了城镇污水处理厂 4628 座，设计处理能力达到 1.5 亿吨 / 日，全年共处理污水 416.2 亿吨；生活垃圾处理厂(场)2125 座，全年共处理生活垃圾 1.97 亿吨，其中采用填埋方式处置的生活垃圾共 1.75 亿吨，采用堆肥方式处置的共 0.03 亿吨，采用焚烧方式处置的共 0.18 亿吨；危险废物集中处理(置)厂(场)722 座，医疗废物集中处理(置)厂(场)236 座，全年共综合利用危险废物 375.2 万吨，处置危险废物340.7万吨。

2012年，全国各级环保系统承办的人大建议数6093件，政协提案数13374件。全国办理环境行政处罚案件11.7万件，环境行政复议案件427件。全国各级环保系统共收到群众来信10.7万封，群众来访5.4万批次，9.6万人次，其中，已办结来信和来访15.9万件。电话及网络投诉89.2万件，其中，已办结数为88.8万件。全国发生突发环境事件542次，其中重大环境事件5次，较大环境事件5次，一般环境事件532次。[①]

2014年3月13日，李克强总理在记者招待会上表示：要向我们自身粗放的生产和生活方式宣战。我们去年出台了国务院治理大气污染的十条措施，这在发展中国家是最多的。这不仅是要让人民群众提高自身防护的意识，更是给政府增加责任。今年我们主动加压，加大降耗力度，也就是确定能源消耗强度要下降3.9%，这意味着要减少2.2亿吨煤炭消耗。对包括雾霾在内的污染宣战，就要铁腕治污加铁规治污，对那些违法偷排、伤天害人的行为，政府绝不手软，要坚决予以惩处。对那些熟视无睹、监管不到位的监管者要严肃追查责任。当然，雾霾的形成有复杂的原因，治理也是一个长期的过程。但是我们不能等风盼雨，还是要主动出击，希望全社会一起努力来打这场攻坚战。德国《柏林晨邮报》网站3月13日评论说：这次中国政府是认真的，党的领导人正向雾霾和环境污染宣战。

二、“向污染宣战”：出重拳强化污染防治

治理污染，要以雾霾频发的特大城市和区域为重点，以细颗粒物($PM_{2.5}$)和可吸入颗粒物（PM_{10})治理为突破口。现在公众关注的雾霾主要是由大气中空气动力学直径2.5微米以下的微小烟尘、粉尘及硫酸盐、硝酸盐、铵盐、有机物等颗粒物以及水滴叠加形成的。出现雾霾时，空气往往较浑浊，有时呈灰色或黄色，甚至红色。雾霾灾害，是

①《2012年环境统计年报》，国家环保部网站。

大气长期污染造成的结果。如何治理大气污染，是中国面临急需解决的问题之一。根据国家发展改革委的统计，2013 年初，中国发生大范围持续雾霾天气，受影响区域包括华北平原、黄淮、江淮、江汉、江南、华南北部等地区，受影响面积约占国土面积的 1/4，受影响人口约 6 亿人。2003 年 7 月，由中国、美国和以色列科学家发表在《美国国家科学院院刊》中的《大气污染对预期寿命的长期影响：基于中国淮河取暖分界线的证据》的研究发现，长期暴露于污染空气中，总悬浮颗粒物(TSP)每上升 100 微克 / 立方米，平均预期寿命将缩短 3 年。

中国大范围、长时间、高浓度的严重雾霾天气，受到国际社会高度关注，一些邻国甚至抱怨受到了中国雾霾影响，为“美丽中国”蒙上了阴霾。从本质上说，雾霾不仅是一种自然现象，更是一种社会经济现象。大气污染所导致的恶劣天气频发是一定经济发展阶段的产物。在发达国家历史上发生过的英国伦敦烟雾事件、美国洛杉矶光化学烟雾事件、比利时马斯河谷烟雾事件、美国多诺拉烟雾事件等重大污染事件中，工业烟气、汽车尾气排放都是空气质量状况短时间恶化的主要原因，在污染治理方面，英国用了 50 年，德国用了 30 年，日本用了 20 年，目前中国正经历煤烟型污染向复合型污染转变时期，成因比这些国家更为复杂，治理的任务也更加艰巨。当然，治理雾霾首先要对症下药。

有媒体报道，中国科学院科研人员对 2009 年至 2010 年不同季节在北京城区采集的 121 对特氟龙和石英膜 $PM_{2.5}$ 样品进行分析，获取了北京四个季节 $PM_{2.5}$ 的质量浓度、29 种元素、9 种离子和 8 个组分有机碳无机碳等资料，探讨了不同季节影响北京 $PM_{2.5}$ 的主要贡献源。研究发现：北京 $PM_{2.5}$ 有 6 个重要来源，分别是土壤尘、燃煤、生物质燃烧、汽车尾气与垃圾焚烧、工业污染和二次无机气溶胶，另外，北京周边省份快速发展的工业生产会带来跨境传输的污染。治理北京本地空气污染，不仅需要改善能源结构，还需要区域联合防治。

图表 5　2014 年 3 月 17 日全国城市空气质量状况统计①

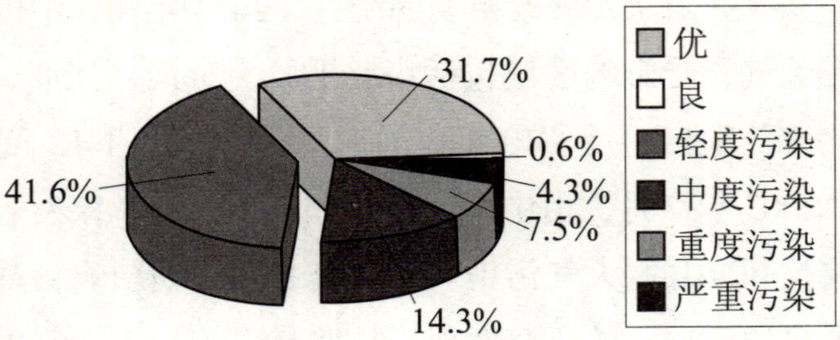

2013 年 9 月，国务院发布《大气污染防治行动计划》提出：经过五年努力，使全国空气质量总体改善，重污染天气较大幅度减少；京津冀、长三角、珠三角等区域空气质量明显好转。力争再用五年或更长时间，逐步消除重污染天气，全国空气质量明显改善。具体指标是：到 2017 年，全国地级及以上城市可吸入颗粒物浓度比 2012 年下降 10%以上，优良天数逐年提高；京津冀、长三角、珠三角等区域细颗粒物浓度分别下降 25%、20%、15%左右，其中北京市细颗粒物年均浓度控制在 60 微克 / 立方米左右。为实现以上目标，《行动计划》确定了十项具体措施：一是加大综合治理力度，减少多污染物排放。全面整治燃煤小锅炉，加快重点行业脱硫、脱硝、除尘改造工程建设。综合整治城市扬尘和餐饮油烟污染。加快淘汰黄标车和老旧车辆，大力发展公共交通，推广新能源汽车，加快提升燃油品质。二是调整优化产业结构，推动经济转型升级。严控高耗能、高排放行业新增产能，加快淘汰落后产能，坚决停建产能严重过剩行业违规在建项目。三是加快企业技术改造，提高科技创新能力。大力发展循环经济，培育壮大节能环保产业，促进重大环保技术装备、产品的创新开发与产业化应用。四是加快调整能源结构，增加清洁能源供应。到 2017 年，煤炭占能源消费总量比重降到 65%以下。京津冀、长三角、珠三角等区域力争实现煤炭消费总量负增长。五是严格投资项目节能

①《全国城市空气质量日报》，国家环保部网站 2014 年 3 月 17 日。

环保准入，提高准入门槛，优化产业空间布局，严格限制在生态脆弱或环境敏感地区建设“两高”行业项目。六是发挥市场机制作用，完善环境经济政策。中央财政设立专项资金，实施以奖代补政策。调整完善价格、税收等方面的政策，鼓励民间和社会资本进入大气污染防治领域。七是健全法律法规体系，严格依法监督管理。国家定期公布重点城市空气质量排名，建立重污染企业环境信息强制公开制度。提高环境监管能力，加大环保执法力度。八是建立区域协作机制，统筹区域环境治理。京津冀、长三角区域建立大气污染防治协作机制，国务院与各省级政府签订目标责任书，进行年度考核，严格责任追究。九是建立监测预警应急体系，制定完善并及时启动应急预案，妥善应对重污染天气。十是明确各方责任，动员全民参与，共同改善空气质量。

除了大气污染，水污染防治也是世界性的难题。全世界每年约有4200多亿立方米的污水排入江河湖海，污染了5.5万亿立方米的淡水，这相当于全球径流总量的14%以上。据世界权威机构调查，在发展中国家，各类疾病有8%是因为饮用了不卫生的水而传播的，每年因饮用卫生不达标水至少造成全球2000万人死亡。目前，我国面临十分严峻的水污染形势，部分地区水质甚至出现持续恶化的状况。地下水污染问题十分严重。一些地区癌症呈现高发态势，甚至出现“癌症村”，即被认为与长期水污染关系密切。水污染带来的伤害不容回避。2014年《政府工作报告》提出，“实施清洁水行动计划，加强饮用水源保护，推进重点流域污染治理”的任务，十分紧迫，也十分必要，关键是采取措施加以落实，真正给人们一个碧水蓝天的良好环境。

实施土壤修复工程。当前，我国土壤污染出现了有毒化工和重金属污染由工业向农业转移、由城区向农村转移、由地表向地下转移、由上游向下游转移、由水土污染向食品链转移的趋势，逐步积累的污染正在演变成污染事故的频繁爆发。国土资源部统计表明，目前全国耕种土地面积的10%以上已受重金属污染。我国土壤污染呈日趋加剧的态势，防治形势十分严峻。

土壤修复是指利用物理、化学和生物的方法转移、吸收、降解和转化土壤中的污染物，使其浓度降低到可接受水平，或将有毒有害的污染物转化为无害的物质。由于土壤污染的严重性及其修复难度，以及对土壤污染修复技术的迫切性需求，污染土壤修复已成为当今环境科学研究的热点与极具挑战性的领域。在过去的 30 年间，欧、美、日、澳等国家纷纷制订了土壤修复计划，巨额投资研究了土壤修复技术与设备，积累了丰富的现场修复技术与工程应用经验，促进了土壤修复技术的快速发展。与国外相比，我国对土壤污染的修复研究起步较晚，正经历着由实验室研究向实用阶段的过渡，即将进入一个快速、全面的治理时期。因此，我国的土壤修复工作仍然任重道远。

三、静静的革命：推动能源生产和消费方式变革

加大节能减排力度，控制能源消费总量。进入 2014 年，在工业经济平稳增长的预期下，我国工业节能减排将面临巨大压力。中国经济将保持 7%以上的增速，工业作为国民经济的主体，也将保持较快的增长速度，节能减排压力依然较大。同时，我国总体上仍然处于工业化快速发展时期，但目前二氧化碳排放却已跃居世界第一位，需要承受的节能减排压力明显增大。在节能减排方面，国外有一些成功经验值得借鉴。例如，2009 年英国《气候变化法案》得到王室正式批准，这使英国成为世界上首个将温室气体减排目标写进法律的国家。按照该法律，英国本届及下届政府必须致力于削减二氧化碳以及其它温室气体的排放：到 2020 年，将英国的二氧化碳排放量在 1990 年的水平上减少 26%—32%，到 2050 年，在 1990 年的水平上削减至少 60%；制定了碳收支 5 年计划新体系和未来 15 年的碳收支计划；成立具有法律地位的气候变化委员会；引入新的排放贸易体系；建立新的温室气体排放报告机制，对温室气体减排进展情况进行监督。为降低能耗，美国先后颁布了《国家节能政策法规》、《国家家用电器节能法案》；在减少污染排放方面，美国先后颁布了《清洁水法》、《清洁空气法》、《固体废弃物处置法》等法律法规。这些节能与环保法规可操作性强，为节能减排提供了可靠的法律保障。为了促进节能减排，德国采取了与法律配套的一系列措施，包括严格执行环保政策、制定各行业能源有效利用战略、扩大可再生能源使用范围、可持续利用生物质能等措施。

发展清洁生产、绿色低碳技术和循环技术是大势所趋。目前，世界很多国家都在发展清洁生产、绿色低碳技术和循环技术。但是，由于各国国情不同，所处发展阶段不同，推动清洁生产、绿色低碳技术和循环技术的重点和方式应该也有所不同。各国应立足本国国情，确定适合自身的绿色低碳发展道路。中国处于社会主义初级阶段，发展是第一要务，我们要坚持绿色低碳发展理念，通过节能减排一系列政策措施，努力探索具有中国特色的绿色低碳发展道路。在全球化的今天，发展清洁生产、绿色低碳技术和循环技术，同样需要世界各国加强合作，相互支持，积极创新。循环经济是一种以资源的高效利用和循环利用为核心，以“减量化、再利用、资源化”为原则，以低消耗、低排放、高效率为基本特征的经济增长模式。德国是世界上实施循环经济最早、发展水平最高的国家之一。德国的废物管理政策目标就是要实现一种面向未来的、可持续的循环经济，其政策重心首先是资源保护，其次是尽可能有效处理废物。德国依靠法律对废弃物处理进行有效管理，在严格执法的基础上，鼓励来自工商企业界的自愿承诺，形成了一套富有特色的废弃物管理体系。我们应该加强监管，转变经济增长方式，推行清洁生产，以最小的资源消耗和最小的环境代价实现经济的持续增长。

强化节水、节材和资源综合利用，把节能环保产业打造成生机勃勃的朝阳产业。资源环境制约是当前我国经济社会发展面临的突出矛盾。解决节能环保问题，是扩内需、稳增长、调结构，打造中国经济升级版的一项重要而紧迫的任务。2013 年 8 月，国务院发布了《关于加快发展节能环保产业的意见》提出：“牢固树立生态文明理念，立足当前、着眼长远，围绕提高产业技术水平和竞争力，以企业为主体、以市场为导向、以工程为依托，强化政府引导，完善政策机制，培育规范市场，着力加强技术创新，大力提高技术装备、产品、服务水平，促进节能环保产业快速发展，释放市场潜在需求，形成新的增长点，为扩内需、稳增长、调结构，增强创新能力，改善环境质量，保障改善民生和加快生态文明建设作出贡献。”

图表 6　2013 年政府部门对环保行业支持政策

发布时间	扶持内容
1 月 2 日	国务院办公厅关于印发《水资源管理制度考核办法的通知》
1 月 23 日	国务院办公厅关于印发《近期土壤环境保护和综合治理工作安排的通知》
2 月 23 日	国务院关于印发《循环经济发展战略及近期行动计划的通知》
4 月 27 日	国家发展改革委发布《关于推动碳捕集、利用和封存试验示范的通知》
5 月 14 日	发改委、农业部、环境部三部委联合发布《关于加强农作物秸秆综合利用和禁烧工作的通知》
8 月 1 日	国务院发布《关于加快发展节能环保产业的意见》
8 月 27 日	发改委发布《关于调整可再生能源电价附加标准与环保电价有关事项的通知》
9 月 10 日	国务院发布《关于印发大气污染防治行动计划的通知》
10 月 2 日	国务院发布《城镇排水与污水处理条例》
11 月 1 日	发改委印发《首批 10 个行业企业温室气体排放核算方法与报告指南的通知》
11 月 3 日	发改委、能源局发布《关于切实落实气源和供气合同确保“煤改气”有序实施的紧急通知》
11 月 11 日	国务院发布《畜禽规模养殖污染防治条件》
11 月 26 日	发改委、能源局发布《调查“煤改气”及天然气供需情况的通知》
12 月 6 日	中央组织部印发《关于改进地方党政领导班子和领导干部政绩考核工作的通知》

目前，我国节能环保产业整体处于国际分工中下游，在国际竞争中处于弱势。现代节能环保产业集资本、技术、装备、工程、运营服务为一体，具有典型的生产性服务业特征。把节能环保产业打造成生机勃勃的朝阳产业，还需要加快技术创新步伐，突破关键核心技术和

共性技术，营造绿色消费政策环境，健全节能环保法规和标准，强化监督管理，充分发挥市场配置资源的决定性作用，以市场需求为导向，用改革的办法激发各类市场主体的积极性。

四、为了美丽中国：推进生态保护与建设

继续实施退耕还林还草，实施退牧还草、天然林保护、防沙治沙、水土保持、石漠化治理、湿地恢复等重大生态工程。(1)退耕还林工程是迄今为止我国政策性最强、投资量最大、涉及面最广、群众参与程度最高的一项生态建设工程，也是最大的强农惠农项目。截至2013年7月，累计投入3247亿元，2279个县1.24亿农民直接受益，造林4.41亿亩，全国1.39亿亩陡坡耕地和严重沙化地恢复了植被。退耕还林工程是迄今为止我国政策性最强、投资量最大、涉及面最广、群众参与程度最高的一项生态建设工程，也是最大的强农惠农项目。(2)2003年1月10日，国务院西部开发办、农业部召开退牧还草电视电话会议，全面启动退牧还草工程。会议提出，从2003年起，用5年时间，在蒙甘宁西部荒漠草原、内蒙古东部退化草原、新疆北部退化草原和青藏高原东部江河源草原，先期集中治理10亿亩，约占西部地区严重退化草原的40%。2003年安排退牧还草任务1亿亩。“退牧还草”工程号召取消放牧，以便遏制和扭转严重的草原退化现象。该工程建立了各种围栏区，其中一些牧场每年关闭几个月（循环放牧的一种方式），一些牧场休牧五到十年，还有一些则永久禁牧。2011年8月22日，国家发改委、财政部、农业部印发《关于完善退牧还草政策的意见》的通知，这是继国家实施草原生态保护补助奖励机制后，进一步完善退牧还草政策的重要举措。(3)上世纪90年代，我国在12个省区市开展天然林资源保护工程试点。2000年12月，国务院批准了天然林资源保护工程实施方案。天然林保护工程一期规划为2000年至2010年，主要任务包括两大部分：一是使长江上游、黄河上中游地区的9.17亿亩森林得到切实保护，年减少商品木材产量1239万立方米，新增森林面积1.3亿亩，森林覆盖率由17.52%提高到21.24%，明显改善这一地区的生态环境；二是东北、内蒙古等重点国有林区年调减商品木材产量751.5万立方米，使4.95亿亩森林得到有效管护。工程二期实施时间为2011年—2020年，中央财政计划投入2195.2亿元，工程区将新增森林面积7800万亩，森林蓄积量净增11亿立方米，森林碳汇增加4.16亿吨。另外，防沙治沙、水土保持、石漠化治理、湿地恢复等重大生态工程也取得了重大成就。当然，今后我们仍然需要进一步加大投入，积极推进，努力把生态工程建设再推向一个新的台阶。

加强三江源生态保护。三江源地区面积辽阔，达39.44万km^2，地处青藏高原腹地，具有高寒干燥缺氧、生态多样脆弱、生物丰富独特、三江贯流中华、气候敏感发动、社会发育滞后六大特征。三江源地区是中国高原生态安全屏障。2005年1月26日，国务院批准了《青海三江源自然保护区生态保护和建设总体规划》。2011年11月，国务院决定在青海三江源地区建立第一个“国家生态保护综合试验区”，并批准通过了试验区总体方案。这是深入实施西部大开发战略的重大决策，是生态文明建设的重大实践，标志着三江源生态保护上升为国家战略，进入体制机制创新的新阶段。按照建立国家高原生态安全屏障的总体定位，三江源生态保护和建设的总体思路是：以政府为主导，以农牧民为主力，广泛动员社会力量，增强科技研发推广，加强立法执法，建立生态补偿、上下游补偿、三江源生态保护基金、水资源费等长效机制，以人的发展为根本，以植被保护为基础，以水资源保护为核心，以生活环境和生物多样性保护为重点，以自然修复为主、人工建设为辅，保护原生植被为主、建设人工植被为辅，预防保护为主、事后保护为辅，加大生态保护投入，发展生态产业，实现三江源生态系统良性循环。①目前，三江源区生态系统宏观结构局部改善，草地退化趋势初步遏制，草畜矛盾趋缓，湿地生态功能逐步提

①孙饶斌:《三江源生态保护经济技术路线》,《人民论坛》2011年第30期。

高，湖泊水域面积明显扩大，流域供水能力明显增强，严重退化区植被覆盖率明显提升，重点治理区生态状况好转。但是，三江源生态保护是复杂的、长期的、艰巨的系统工程，需要全社会广泛参与，采取法律、政策、经济、技术等综合措施，实现三江源生态系统良性循环、人与自然和谐发展，才能为全国可持续发展建立高原生态安全屏障。

落实主体功能区制度，探索建立跨区域、跨流域生态补偿机制。全国主体功能区规划是以生态功能现状和发展潜力为依据，确定区域主体功能；以功能定位，确定区域发展方向；以资源环境承载力为约束，确定区域开发强度。从国际经验看，主体功能区规划应该避免几个误区：首先，要防止计划思路的恢复；第二，国外的空间规划广泛强调公众参与，强调自上而下与自下而上两种规划方式的结合；第三，避免僵化理解和执行主体功能区规划。国际上对欠发达地区的生态补偿和扶持机制主要有：(1)实行税收优惠、补贴和奖励制度是各国促进落后地区发展的主要措施。例如法国为鼓励小城市工业和第三产业向落后地区转移，刺激山区和农村地区创建多种经营活动，建立了多种形式的财政补贴和奖励制度。例如在1964年设立了地区开发奖金，凡在矿区、中央高原等落后地区开展经营活动的企业都可根据新创造的就业人数获得每人1.2万—2.5万法郎的奖金。(2)广泛应用金融手段支持落后地区发展。其具体形式有：提供优惠贷款、政府担保贷款、设立发展基金和政策性银行等。如上世纪50年代中期至70年代中期，意大利政府规定为南部新建、改建或扩建的企业，提供优惠贷款。(3)以财政转移支付为主要手段，促进各地区公共服务水平的均等化。如德国将全国增值税的30%—35%专门拿出来用于各州之间进行分配，其中的3/4按各州人口多少进行分配，另外1/4则专门分配给财力较弱的州。(4)建立形式多样的基金和实施重大基础设施工程，推动欠发达地区的发展。通过增加投资，可以扩大落后地区就业，提高其居民收入水平，并改善其发展条件，增强自我发展的能力。如欧盟从 1975 年开始就从共同体预算中拿出 4.8%设立了欧洲地区发展基金（ERDF），用于对“问题地区”的援助。另外，帮助落后地区进行基础设施建设，或者在落后地区直接实施重大开发性项目，也是各国政府的常用措施。[①]总之，生态环保功在当代、利在千秋。各级政府和全社会都要进一步积极行动起来，呵护好我们赖以生存的共同家园。

①刘云中:《国外实施主体功能区的启示》,《中华工商时报》2011 年 7 月 13 日。

第六篇

记得住乡愁：新型城镇化与中国未来发展

城镇化是现代化必然要求，是从“乡村中国”到“城市中国”必由之路。李克强总理在第十二届全国人大二次会议上所作的《政府工作报告》中系统阐述了城镇化发展的意义、基本要求和主要内容，他指出,“城镇化是现代化的必由之路，是破除城乡二元结构的重要依托。要健全城乡发展一体化体制机制，坚持走以人为本、四化同步、优化布局、生态文明、传承文化的新型城镇化道路，遵循发展规律，积极稳妥推进，着力提升质量。”提出要有序推进农业转移人口市民化、加大对中西部地区新型城镇化的支持、加强城镇化管理创新和机制建设等具体要求，为新时期中国推进新型城镇化指明了方向。

一、打造城市中国：新型城镇化新在何处

城镇化是伴随着工业化、现代化过程而发生的社会变迁，即由农业为主的传统乡村社会向以工业和服务业为主的现代城市社会的转变，是一个农业人口转化为非农业人口、农村地域转化为非农村地域、农业活动转化为非农业活动的历史过程。人类上一次大规模的人口从农村转向城市，主要发生在欧洲和北美，带来了人类经济、社会、文化的全面繁荣，推动政治治理的变革。目前，我国每年从农村转移到城镇的人口有1000多万，相当于欧洲一个中等国家的人口总量，未来较长一段时期我国城镇人口还将增加3亿，相当于美国的人口总量。中国城镇化的规模和潜力，在世界发展史上是空前的。经济

学家斯蒂格利茨曾预言：中国的城镇化与美国的高科技发展将是深刻影响 21 世纪人类发展的两大课题。正是在这个意义上，今天中国的城镇化不仅是中国故事，还是世界故事。正如李克强总理指出的，13 亿人的现代化和近 10 亿人的城镇化，在人类历史上是没有的，中国这条路走好了，不仅造福中国人民，对世界也是贡献。

改革开放 30 多年来，随着中国经济的快速发展，工业化的快速推进，城市空间也快速扩大。但是，由于城乡二元体制特别是户籍制的限制，大量常住人口被挡在城市化门口之外，空间城市化并没有产生相应的人口城市化。同时，由于在城镇化的过程中，存在“造城”偏好，忽视配套的公共服务等综合体制改革，中国城镇化率一直较低。城镇化率，即城镇人口占总人口的比重，是城镇化的度量指标。直到 2011 年，我国城镇化率首次突破 50%，达到 51.3%。2012 年城镇化率达到 52.6%，与世界平均水平大体相当。

图表 7　中国城镇化率的变化

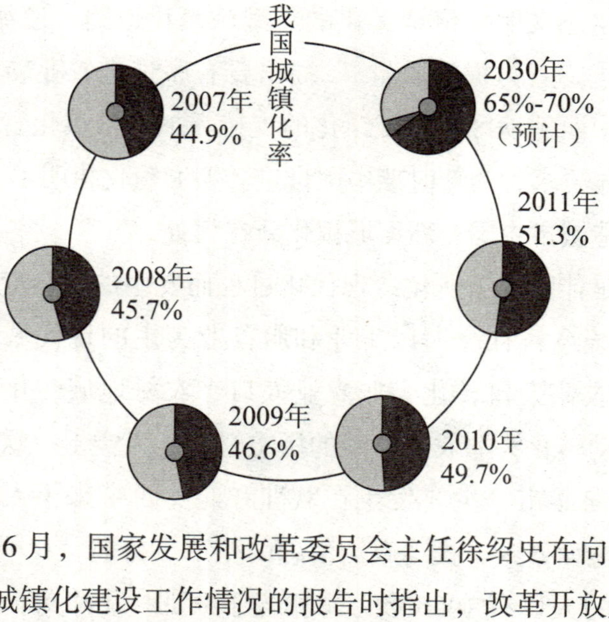

2013 年 6 月，国家发展和改革委员会主任徐绍史在向全国人大常委会作关于城镇化建设工作情况的报告时指出，改革开放后，我国城镇化取得显著成效。但与此同时，城镇化质量不高的问题也越来越突出，主要表现在五个方面：大量农业转移人口难以融入城市社会，市

民化进程滞后；土地城镇化快于人口城镇化，城镇用地粗放低效；城镇空间分布与资源环境承载能力不匹配，城镇规模结构不合理；“城市病”问题日益突出，城市服务管理水平不高；体制机制不健全，阻碍了城镇化健康发展。

随着我国经济社会发展进入新的时期，我国城镇化的外部条件和内在动力正在发生深刻变化，为走以提升质量为主的新型城镇化发展道路奠定了基础。针对城镇化中存在的问题，党的十八大明确提出了“新型城镇化”的新理念。2013年12月在北京举行的中央城镇化工作会议指出，“城镇化目标正确、方向对头，走出一条新路，将有利于释放内需巨大潜力，有利于提高劳动生产率，有利于破解城乡二元结构，有利于促进社会公平和共同富裕。”那么如何走出一条新路？新型城镇化新在何处，有哪些基本要求？

第一，坚持统筹城乡发展，在健全城乡发展一体化体制机制中推进城镇化。传统城镇化是城市优先发展的城市化，新型城镇化讲求城乡互补、协调发展，要求健全体制机制，逐步打破城乡二元结构，形成以工促农、以城带乡、工农互惠、城乡一体的新型工农城乡关系，让广大农民平等参与现代化进程、共同分享现代化成果。

第二，坚持以人为本，是“以人为核心”的城镇化。新型城镇化不是简单的圈地盖房子，更重要的是有序推进农业转移人口市民化。推动户籍制度改革，实行不同规模城市差别化落户政策。把有能力、有意愿并长期在城镇务工经商的农民工及其家属逐步转为城镇居民。对未落户的农业转移人口，建立居住证制度，使更多进城务工人员随迁子女纳入城镇教育、实现异地升学，实施农民工职业技能提升计划。稳步推进城镇基本公共服务常住人口全覆盖，使农业转移人口和城镇居民共建共享城市现代文明。

第三，坚持四化同步的城镇化道路。新型城镇化要造城但不是单一的造城运动，而要坚持走中国特色新型工业化、信息化、城镇化、农业现代化道路，推动信息化和工业化深度融合、工业化和城镇化良性互动、城镇化和农业现代化相互协调，促进工业化、信息化、城镇化、农业现代化同步发展。新型城镇化不能简单的搞房地产化，盖上几栋楼、修几条马路，农民从平房里搬到楼房就是城市化了，而要走产城融合的道路，通过产业发展带动城镇经济发展，增加就业。

第四，坚持优化布局，根据资源环境承载能力构建科学合理的城镇化宏观布局，把城市群作为主体形态，促进大中小城市和小城镇合理分工、功能互补、协同发展。新型城镇化要求根据我国的实际情况严格控制大城市规模，适度发展中等城市，积极发展小城镇；要求根据城市资源禀赋，发展各具特色的城市产业体系，形成城市群合理的产业布局，强化城市间专业化分工协作，积极引导产业、企业到中小城市、到小城镇，把基础设施和文化、教育、医疗等公共服务设施和资源向中小城镇延伸，从而避免大城市病。

第五，加强生态文明建设，注重绿色发展、低碳发展、循环发展。要把生态文明理念和原则全面融入城镇化全过程，走集约、智能、绿色、低碳的新型城镇化道路。绿水青山胜过金山银山。在人口聚集、经济发展、城市规模扩张的过程中，避免交通拥堵、空气污染、水污染、垃圾围城等等“城市病”的困扰，保留住绿水青山和清新的空气、舒适的环境。

第六，坚持传承文化，发展有历史记忆、地域特色、民族特点的美丽城镇。城市应该有城市的文脉，城市有城市的历史，在推进城镇化的过程中要和自然、民族、历史特点结合起来，不是简单的房地产堆积，各方面规划要符合要求，要有公园、湿地、绿地、历史文化遗迹以及古迹。就像中央城镇化工作会议上谈到的，“让老百姓住在城市里望得见山、看得见水、引得起乡愁”。

从低城镇化率到高城镇化率，从传统城镇化到新型城镇化，中国经济面临着前所未有的机会，中国社会也面临前所未有的变革。这场变革是立体式、渐进式的，需要多项配套改革同时推进，也需要所有人改变理念。

二、城镇化建设与人口向大城市转移：相互矛盾还是并行不悖？

2009年，内蒙的李长春只身一人来到了北京，开始了自己的北漂生活。初到北京的李长春在昌平拜一位“老相识”为师，学着做皮具护理的手艺。现在，他在朝阳的星河湾附近租下门店，开始经营自己的“亮鞋行”，也已把老婆接到了北京，但仍然把大女儿留在老家上小学。像他一样尚未在北京“站稳脚跟”的人有37.4万。他们散落在二环至五环各个偏僻的胡同、平房、地下室里，怀揣着不同的梦想，要在北京城这个富贵之都找到一席之地。

据《小康》杂志报道指出，最新统计数据显示，像李长春一样的农民工数量已高达2.4亿左右，而且在制造业、服务业等行业农民工占比超过50%，建筑业中农民工占比超过80%。据统计，目前全国农民工中举家迁徙的已达到3000万，占外出农民工的近20%，他们在城市居住长达7年甚至十几年，已成为城市的新型居民。他们想要融入城市，但又普遍面临着子女教育、住房医疗、社会保障等方面的难题。

农民工的难题也是中国城镇化面临的难题。一方面，东部发达地区以及中西部的大中城市具有资源集聚优势，人们趋之若鹜，大量农村人口向大城市转移；另一方面，大城市深受规模扩张带来的交通拥堵、空气污染、水污染、垃圾围城、房价上涨等资源环境瓶颈制约和“城市病”的困扰，农民工落户和目前大城市发展存在着一定差距。党的十八届三中全会和2014年《政府工作报告》提出的大力推进城镇化优化布局、推进农业转移人口有序市民化为这一难题给出了思路和答案。

李克强总理在第十二届全国人大二次会议上所作的《政府工作报告》中明确指出，推动户籍制度改革，实行不同规模城市差别化落户政策。把有能力、有意愿并长期在城镇务工经商的农民工及其家属逐步转为城镇居民。一次性解决城镇农民工的已有问题当然是不可能的，但是可以从阻力较小的改革开始推进。今后一个时期，要按照分步推进，存量优先，带动增量的原则，着重解决好现有“三个1亿人”问题。一是促进约1亿农业转移人口落户城镇，把有能力在城镇稳定就业和生活的农民工实现市民化作为首要任务，优先解决存量，解决他们的落户问题，努力提高他们融入城镇的素质和能力。二是改造约 1 亿人居住的城镇棚户区和城中村，要通过棚户区改造，大规模推进保障性安居工程建设，避免出现城市二元结构。早在 2013 年 3 月 17 日，十二届全国人大一次会议胜利闭幕，李克强总理在记者会上就曾指出："要注意防止城市病，不能一边是高楼林立，一边是棚户连片。本届政府下决心要再改造一千万户以上各类棚户区，这既是解决城市内部的二元结构，也是降低城镇化的门槛。"三是引导约 1 亿人在中西部地区就近城镇化。我国中西部地区城市发育明显不足，中西部地区要在区域经济均衡发展、产业梯次转移的过程中，发展一批区位优势明显、资源环境承载能力较强的中小城市，培育一批文化旅游、商贸物流、资源加工等特色中小城市、小城镇，同时，结合扩大内陆沿边开放，建立丝绸之路经济带，建设一批边境口岸城市。到 2020 年，中西部地区要努力再接纳 1 亿左右的城镇化人口。

推进农业转移人口市民化，不是强迫农民上楼，也不是农民"被市民化"，而要坚持自愿、分类、有序，充分尊重农民意愿，因地制宜制定具体办法，优先解决存量，有序引导增量。今后一个时期，解决东部地区中小城市存量人口跨地区城镇化入户，解决中西部城市增量人口就地城镇化入户是农民工市民化工作的重点。

三、不能"一刀切"的城镇化：因地制宜是成功关键

城镇化的核心是以人为本，但真正的以人为本是什么？人民群众心中的城镇化发展期待是什么？当他们所熟悉的环境变了另一番模样他们有什么想法？在城里生活是否让他们感到比以前幸福？

百度公司董事长兼首席执行官李彦宏在回答记者提问时说："我非常喜爱、非常热爱我的家乡，但是我回不去，这是乡愁。或者我回去了面目全非了，这也是乡愁。所以在社会进步中，城市要城镇化，农村怎么保留它的田园风光，保留很多人孩童时期的记忆，让它成为很好的回忆，回去以后想到从小怎么享受到父母的关爱，从小怎么和小伙伴玩。"

这就要求我们在推进城镇化时，尽可能地保留原有风貌，不搞“一刀切”，做到传统价值和现代化成果并重，注重保护历史文化和自然景观，避免千城一面。

首先，在城镇化的总体布局上，要根据各地资源环境禀赋和优势构建科学合理的城镇化宏观布局，把城市群作为主体形态，促进大中小城市和小城镇合理分工、功能互补、协同发展，形成城市群合理的产业布局，发展各具特色的城市产业体系，强化城市间专业化分工协作。

其次，在推进城镇化的过程中坚持发展多元化的城镇形态。在城镇化格局中，要建设一批绿色城市、智慧城市、人文城市、田园城市等多元化的城市形态，同时，单个城市也可以是具有多元要素的特色城市；要着力打造各具特色的小城镇，这些特色城镇会分布于主要的城市群内部，成为城市群的重要组成，另外很多将分布于自然风景区和田园地区，这些大园小城将成为很多人的居住选择。就像中央城镇化工作会议上谈到的，“让老百姓住在城市里望得见山、看得见水、引得起乡愁”。

四、农民的城镇化：户籍制度改革与公共服务覆盖同样重要

（一）户籍制度改革为何这么难

本世纪以来我国城镇建成区面积扩张了70%，而城镇人口只增加了48%，土地城镇化的速度大大快于人口城镇化。城市发展越来越大，进城人员越来越多，但真正享受城镇发展成果的人却增加不多。2012年城镇化率达到52.6%，与世界平均水平大体相当。中国社会科学院2013年7月发布的《城市蓝皮书》指出，2012年，全国按户籍人口计算的城镇化率仅有35.29%。《国家新型城镇化规划（2014—2020年）》指出，受城乡分割的户籍制度影响，被统计为城镇人口的2.34亿农民工及其随迁家属，未能在教育、就业、医疗、养老、保障性住房等方面享受城镇居民的基本公共服务。

户籍管理制度的特点，是通过户籍决定公共福利制度和公共服务的分配关系。中国实行城乡分割的户籍管理体制，源于上世纪50年

代末。原因是在国际封锁下，通过户籍制度把农村人口强制地限制在土地上，以提供低价的农产品，以利于维持城镇人口的低工资和低消费，从而实现国家的工业化积累。改革开放初期，由于中国长期为农产品供给的问题所担忧，担心城镇人口过多，农产品供给不足，所以没有及时地打破城乡的户籍管理制度。以至于改革开放 30 年来，城镇的迅速发展和城市投入的大幅度增加，固化了现有的城乡居民的利益关系，使得破除现有的体制障碍难度增加。

近年来，中国的户籍制度改革一直在进行，许多地方进行了积极有效的探索，河北、辽宁等 10 多个省区市取消了农业户口和非农业户口之分，统一称为居民户口。但上述地方户籍改革，大都局限于取消形式上的户籍歧视，即户籍登记上体现的城乡不同身份，而实质上的户籍歧视，户籍身份产生的各种差别待遇，如社会福利、医疗保险、基础教育等基本公共服务并未取消和实现平等。导致户籍制度改革举步维艰的原因，主要是由于推进公共服务均等化，实现平等的社会福利待遇将给地方政府带来较大的财政压力和管理上的巨大考验。

（二）户籍制度改革如何推进

推进城镇化，有序推进农业转移人口市民化，要求户籍制度改革必须与时俱进，同步推进公共服务和社会管理体制改革，使农民工落得下，留得住，有生计，稳得根。“十二五”规划纲要草案提出，要把农业转移人口转为城镇居民作为重要任务，放宽落户条件，这是户籍制度改革的破冰，将促使我国城镇化进程取得突破性进展！

第一，要推动户籍制度改革取得突破，健全农业转移人口落户制度。根据城市综合承载能力和发展潜力，以就业年限、居住年限、城镇社会保险参保年限等为基准条件，因地制宜制定具体的农业转移人口落户标准。对不同类型农民工群体逐步放宽落户条件，优先把有稳定劳动关系，长期举家工作、生活在城市，有稳定住所、工作和收入，并基本融入城市的农民工逐步转为城镇居民。

第二，要实行不同规模城市差别化落户政策。以合法稳定就业和合法稳定住所（含租赁）等为前置条件，全面放开建制镇和小城市落户限制，有序放开城区人口50万—100万的城市落户限制，合理放开城区人口100万—300万的大城市落户限制，合理确定城区人口300万—500万的大城市落户条件，严格控制城区人口500万以上的特大城市人口规模。大中城市可设置参加城镇社会保险年限的要求，但最高年限不得超过5年。特大城市可采取积分制等方式设置阶梯式落户通道调控落户规模和节奏。

第三，建立居住证制度。全面推行流动人口居住证制度，以居住证为载体，建立健全与居住年限等条件相挂钩的基本公共服务提供机制，并作为申请登记居住地常住户口的重要依据。城镇流动人口暂住证持有年限累计进居住证。

第四，稳步推进城镇基本公共服务常住人口全覆盖。从而剥离附着在城镇户口上的社会保障等社会福利，使更多进城务工人员随迁子女纳入城镇教育、实现异地升学，实施农民工职业技能提升计划，使农业转移人口和城镇居民共建共享城市现代文明。城镇化不是简单的市民化，户籍制度改革的核心在于逐步消除城乡居民的公共服务差距，放宽对自愿进城落户农民的限制，降低农民落户门槛，而不在于形式上是否取消农业和非农业户口划分。一些地方户籍制度改革存在"空转"现象，即直接把农民的户籍变了，但并没有改变他们的生产和生活条件，"农民需要的不是身份转换，而是福利待遇。"

第五，要大力推进城乡基本公共服务均等化，建立城乡一体化的基本公共服务体制机制。使城乡居民在基本社会保障、义务教育、基本医疗和公共卫生、就业、基本住房、公共安全等方面享有大致相等的基本公共服务，为农民工跨区域流动落户提供便利，为户籍制度改革奠定基础。

五、城镇化的利益分配：营造多方受益的"共赢"格局

（一）建立合理的土地增值收益分配机制

近年来，一些地方政府违背农民意愿的强征土地、强拆民宅事件

时有发生，失去土地、住房的农民又难以获得应有的补偿和生活保障。“20 万元征地，800 万元卖出”的案例说明，一些地方政府通过征地赚得盆满钵满之时，农民的利益却受到了严重损害。城镇化的过程中，征地矛盾和冲突涉及到的主要问题是征地补偿和土地增值收益分配问题。中央农村工作领导小组副组长陈锡文说，现在农民对征地制度之所以不满，因为觉得补偿太低，按照《土地管理法》47 条的规定，农民土地被征收之后，各项指标合在一起，最高不能超过这块地之前平均年产出的 30 倍，这样一个水平农民不接受。如果不改变农民土地的所有权，让它直接入市改变了用途，它会明显的增值。因此，要深化征地制度改革，规范征地程序，完善对被征地农民合理、规范、多元保障机制。建立兼顾国家、集体、个人的土地增值收益分配机制，合理提高个人收益，保障被征地农民长远发展生计。土地收益的分配，不可能全部给农民。从世界的经验来看也不可能，必须有一部分用于公用设施，有一部分用于其他公共财政支出。从参与分配的主体来说，第一就是政府要拿到一部分土地增值的收益。第二是开发土地的这些企业，如果它没有一定的收益，就没有人开发。第三是市民，要利用这个土地生存和生活，他的权利应得到尊重。第四是，被征地的农民。第五是远离城市的农民。

（二）建立合理的农民市民化成本分担机制

城镇化不是户籍城镇化也不是迁移城镇化，农民变市民，不是说户口一改就变了的。城镇化之难，最难在化农民为市民。城镇化的主要难题是农业转移人口市民化，农业转移人口市民化主要的问题是钱从哪里来，由谁买单？涉及到政府、企业和农民的成本分担。

农民工市民化的成本，根据基本公共服务的内容，我们测算主要包括六项成本：1、农民工随迁子女教育成本。2、医疗保障成本。3、养老保险成本。4、民政部门的其他社会保障支出。5、社会管理费用。6、保障性住房支出。其他还有一些公共服务的内容。根据国务院发展研究中心的《农民工市民化的成本测算》课题报告的一个农民工市民化的成本为8万元。尽管不同研究的测算数据不一样，但对于地方政府来说，无疑是一笔大支出。因此，推进城镇化，要强化各级政府责任的同时，需要建立健全由政府、企业、个人共同参与的农业转移人口市民化成本分担机制。政府要承担农业转移人口市民化在义务教育、劳动就业、基本养老、基本医疗卫生、保障性住房以及市政设施等方面的公共成本。企业要落实农民工与城镇职工同工同酬制度，加大职工技能培训投入，依法为农民工缴纳职工养老、医疗、工伤、失业、生育等社会保险费用。农民工要积极参加城镇社会保险、职业教育和技能培训等，并按照规定承担相关费用，提升融入城市社会的能力。

图表8　农民工市民化不同版本的成本测算

农民工市民化的人均成本测算	报告单位（作者）
每新增一个城市人口需要增加市政公用设施配套费小城市为2万元，中等城市为3万元，大城市为6万元，特大城市为10万元（不含运行和管理成本）	原建设部调研组报告（2006）《农民工进城对城市建设提出的新要求》
每进入城市1个人，需要“公共支付成本”约为1.5万元	中国科学院报告（2005）《中国可持续发展战略报告》
东部沿海地区第一代农民工与第二代农民工市民化的社会成本分别约为10万元与9万元，内陆地区的第一代农民工与第二代农民工市民化的社会成本分别约为6万元与5万元。	张国胜报告（2009）《基于社会成本考虑的农民工市民化：一个转轨中发展大国的视角与政策选择》
农民工市民化的平均成本在10万元左右	中国发展研究基金会（2010）《中国发展报告2010：促进人的发展的中国新型城市化战略》
一个农民工如果成为市民需要增加政府的支出约为8万元左右（2009年不变价）	国务院发展研究中心（2010）《农民工市民化的成本测算》课题报告
中国农业转移人口市民化的人均公共成本约为13万元	中国社会科学院城市发展与环境研究所和社科文献出版社2013年联合发布的《中国城市发展报告》

（三）建立健全农民工农村财产权益处置机制

农民工市民化的问题，还涉及到农民工农村财产权益的转让、处置问题。农民工农村财产权益主要是农民工在农村的宅基地、承包地等财产权益。目前，尽管他们不再在农村耕种土地，但绝大多数农民工仍然保留了在农村的宅基地和承包地，在以前无法落户城市时，这对保障他们的基本权益具有重要的意义。随着农民工市民化的推进，农民工在农村的宅基地、承包地等财产权益需要纳入政策考虑的视野。这其中涉及到三个方面：一是农民工是否退，承包地和宅基地是他们看得见、摸得着的收益，他们不退；二是是否允许退，目前承包地国家的政策是允许抵押和担保，但是不允许承包地转让；宅基地现在国家政策是可以转让，但是是试点先行、慎重稳妥。从国家来说，对于承包地和宅基地的退的问题，国家非常慎重；三是怎么退，农民想卖个高价，就目前我国的收入分配格局来说，最有可能出高价的是城市居民，但是国土资源部明确说不允许发生城里人到农村买地建房的逆城镇化行为，要实现利益最大化的退出机制还是比较困难的。有序推进农民工的市民化，最后还是要妥善处理农民工在农村的宅基地、承包地等财产权益问题。

第七篇

"十连增"的奥秘：现代化农村建设

李克强总理在2014年《政府工作报告》中指出："要坚持把解决好'三农'问题放在全部工作的重中之重，以保障国家粮食安全和促进农民增收为核心，推进农业现代化。坚守耕地红线，提高耕地质量，增强农业综合生产能力，确保谷物基本自给、口粮绝对安全，把13亿中国人的饭碗牢牢端在自己手中。强化农业支持保护政策，探索建立农产品目标价格制度。夯实农业农村发展基础，集中力量建设一批重大水利工程，加强中小型水利项目建设，完善农村水电路气信等基础设施。积极推进农村改革。坚持和完善农村基本经营制度，赋予农民更多财产权利。保持农村土地承包关系长久不变，抓紧土地承包经营权及农村集体建设用地使用权确权登记颁证工作，引导承包地经营权有序流转，慎重稳妥进行农村土地制度改革试点。坚持家庭经营基础性地位，培育专业大户、家庭农场、农民合作社、农业企业等新型农业经营主体，发展多种形式适度规模经营。创新扶贫开发方式，决不让贫困代代相传。"《政府工作报告》系统阐述了农业现代化和农村改革发展的重要意义、基本内容和政策措施，指出了我们未来一段时间加强"三农"工作的着力点。

一、城乡一体化：吹响打破城乡二元化的号角

（一）城乡二元化的由来

二元结构是由诺贝尔经济学奖得主刘易斯提出来的。城乡二元化结构包括二元经济结构和二元社会结构两方面的含义。二元经济结构是指在广大的发展中国家，其经济生活的一元是以古代村落为载体的传统农业部门，另一元是以较为先进的城市为载体的现代工业部门。马克思在《资本论》中将城乡关系变迁概括为城乡分离→工业化与城市化→城乡融合三个阶段，认为城乡对立，只是工农业发展水平还不够高的表现，城乡融合的前提是城乡分离，而实现条件是工业化与城市化的基本完成。

欧洲文明的发祥地——早期希腊城邦便是一个个独立的经济主体，外向型的海洋文化、便利的地中海交通和相对先进的民主体制催生了海上贸易的繁荣和市场的产生。随着交易量不断增大，专业化程度也在不断提升，分工得以深化，市场不断成长。而为了获取商业利润、降低交易成本，人口不断向集市集聚，市场管理职能被逐步提出，这样，真正的城市诞生了，城乡的区别和分割也产生了。在此后的数千年中，古希腊、古罗马模式对欧洲影响巨大，欧洲各国逐渐走上了城市发展、城乡逐渐分离的道路。工业革命的进行大大加速了城乡分离的过程，城乡分离的深度和延伸度不断加强，城乡分离的驱动力由“城市手工业”转变为“机器大工业”，城乡分离的范围逐步向全世界拓展。第二次世界大战后，以美国为首的西方国家，随着经济的快速发展和工业化的推进，依托工业化和城市化的基础，逐步走向城乡融合和城乡一体化。

我国特有的历史背景、新中国成立初期的基本国情是我国形成城乡二元结构的基本原因。新中国成立后，为快速实现工业化，随着计划经济体制的建立，我国逐步实行工农业产品不等价交换、农业合作化、对粮食等农产品的统购统销制度、城市居民生活用品的配给制和限制人口等要素流动的一系列制度。第一，工农业产品不等价交换政策。采取扭曲工农业产品相对价格和交换关系的政策，一方面提高工业品价格，另一方面压低农产品价格，制造了不利于农业发展的贸易条件。第二，农业生产集中制度。新中国成立后不久，随着土地革命的胜利完成，全国开展了一场农业的社会主义改造，目的是实现土地的社会主义集体所有，更好地支持工业化战略。具体形式和组织方式开始是通过农业合作化来进行的，随后是通过人民公社化运动进行的。第三，统购统销制度。因为实施了不利于农业生产的“剪刀差式”贸易条件和强制集中生产的农业合作化制度，所以对农产品的出路也必须采取统一的强制性手段，即对粮食等农产品的统购统销制度。第四，包括劳动力在内的要素流动控制政策。通过户籍制度及由此派生出与户籍制度相配套的城市劳动就业制度、城市偏向的社会保障制度、基本消费品供应的票证制度、排他性的城市福利体制等，有效地控制了劳动力等生产要素在城乡间的流动。这些制度形成了一个相互支撑、互为补充的完备的刚性制度体系，确保了农业对工业、乡村对城市长期而巨大的贡献，且这种牺牲农业的行为被制度和法律不断固化，逐步形成了城乡二元体制和城乡二元的经济、社会结构。

图表 9　计划经济时代户籍制度变迁大事

时间	事件
1954 年 9 月	第一届全国人民代表大会第一次会议通过的中国首部《宪法》，其中规定公民有“居住和迁徙的自由”
1954 年 12 月	内务部、公安部、国家统计局发出联合通知，要求建立农村户口登记制度
1956 年 3 月	全国第一次户口工作会议要求在短期内建立一套比较严密的户口管理制度，以便“发现和防范反革命和各种犯罪分子活动”
1957 年 12 月	中共中央、国务院发布《关于制止农村人口盲目外流的指示》，要求进一步加强户口管理，控制人口流动
1962 年 4 月	公安部发出《关于处理户口迁移问题的通知》，指出“对农村迁往城市的，必须严格控制；城市迁往农村的，应一律准予落户，不要控制”
1975 年 1 月	第四届全国人大第一次会议通过的《中华人民共和国宪法》删除了“居民有居住和迁徙的自由”的条款
1977 年 11 月	国务院批转公安部《关于户口迁徙的规定》强调“从农村迁往市、镇，由农业户口转为非农业户口”。从此“农转非”一词开始流行

改革开放以后，随着农村家庭联产承包制的实行、城市经济体制改革的推进，特别是市场经济体制的建立和完善，工业化和城镇化的持续推进，城乡分割的市场体系逐步走向统一，城市空间快速扩张，农村劳动力逐步向城市转移，我国的城乡关系出现了一系列新情况、新变化。但在改革发展的过程中，由于城乡二元的户籍制度、土地制度、公共服务制度等没有及时改革，城乡二元的体制特征仍然非常明显，成为我国“三农”问题的症结所在，也阻碍着城镇化的推进。

（二）破除城乡二元结构：健全城乡发展一体化体制机制

正是基于对我国“三农”问题的正确认识和发展形势的宏观思考，党的十八届三中全会《决定》明确指出，城乡二元结构是制约城乡发展一体化的主要障碍。必须健全体制机制，形成以工促农、以城带乡、工农互惠、城乡一体的新型工农城乡关系，让广大农民平等参与现代化进程、共同分享现代化成果。

只有破除城乡二元结构，健全城乡发展一体化体制机制，才能从体制上为解决“三农”问题创造条件，促进农业发展农村繁荣农民富裕。十八届三中全会《决定》明确提出，城乡二元结构是制约城乡发展一体化的主要障碍。这正是我国“三农”问题归根到底的症结所在。虽然过去 10 余年，党和政府在加强农业基础地位、改善城乡关系上做了大量工作，但城乡差距依然较大，农业和农村经济在资源配置和国民收入分配中仍处于不利地位，农村居民和城镇居民在发展机会和社会地位方面仍然不平等，城乡二元结构矛盾远未破解。新阶段从根本上破解“三农”发展难题，必须由农村内部利益关系的调整，转向工农、城乡以及国民经济部门之间利益格局的调整，加快破除城乡二元结构。

十八届三中全会《决定》从以下几个方面，全面部署了加快农业发展农村繁荣农民富裕的具体政策和措施。

第一，加快构建新型农业经营体系。积极推进家庭经营、集体经营、合作经营、企业经营等共同发展的农业经营方式创新。依法维护农民土地承包经营权，赋予农民对承包地占有、使用、收益、流转及承包经营权抵押、担保权能，允许农民以承包经营权入股发展农业产业化经营。发展多种形式规模经营，鼓励农村发展合作经济，允许财政项目资金直接投向符合条件的合作社，允许财政补助形成的资产转交合作社持有和管护，允许合作社开展信用合作。鼓励和引导工商资本到农村发展适合企业化经营的现代种养业，向农业输入现代生产要素和经营模式。

第二，赋予农民更多财产权利。近年来，随着城镇化进程的加快，侵犯农民土地权益的现象有加重趋势，根本原因是我国土地制度的改革还不到位。因此，要以保障农民土地权益为重点，保障农民集体经济组织成员权利，积极发展农民股份合作，赋予农民对集体资产股份占有、收益、有偿退出及抵押、担保、继承权。保障农户宅基地用益物权，改革完善农村宅基地制度，选择若干试点，慎重稳妥推进农民住房财产权抵押、担保、转让，探索农民增加财产性收入渠道。建立农村产权流转交易市场，推动农村产权流转交易公开、公正、规范运行。

第三，推进城乡要素平等交换和公共资源均衡配置。维护农民生产要素权益，保障农民工同工同酬，保障农民公平分享土地增值收益，保障金融机构农村存款主要用于农业农村。健全农业支持保护体系，改革农业补贴制度，完善粮食主产区利益补偿机制。完善农业保险制度。鼓励社会资本投向农村建设，允许企业和社会组织在农村兴办各类事业。统筹城乡基础设施建设和社区建设，推进城乡基本公共服务均等化。

第四，完善城镇化健康发展体制机制。坚持走中国特色新型城镇化道路，推进以人为核心的城镇化，促进城镇化和新农村建设协调推进。对吸纳人口多、经济实力强的镇，可赋予同人口和经济规模相适应的管理权。建立和完善跨区域城市发展协调机制。在推进城镇化的过程中，逐步把符合条件的农业转移人口转为城镇居民。创新人口管理，加快户籍制度改革，全面放开建制镇和小城市落户限制，有序放开中等城市落户限制，合理确定大城市落户条件，严格控制特大城市人口规模。稳步推进城镇基本公共服务常住人口全覆盖，把进城落户农民完全纳入城镇住房和社会保障体系，在农村参加的养老保险和医疗保险规范接入城镇社保体系。建立财政转移支付同农业转移人口市民化挂钩机制，从严合理供给城市建设用地，提高城市土地利用率。

二、饭碗端在自己手中：新形势下的国家粮食安全战略

李克强总理在 2014 年《政府工作报告》中强调："要坚持把解决好'三农'问题放在全部工作的重中之重，以保障国家粮食安全和促进农民增收为核心，推进农业现代化。坚守耕地红线，提高耕地质量，增强农业综合生产能力，确保谷物基本自给、口粮绝对安全，把 13 亿中国人的饭碗牢牢端在自己手中。"

（一）我国的粮食安全状况

2013 年，我国的粮食生产实现了"十连增"，农民的增收实现了"十连快"，那么，在粮食安全问题上我们是否可以高枕无忧？

在"两会"期间，在农业部的记者会上，《经济日报》和中国经济网记者提到，2014 年 1 月发布的《中国食物与营养发展纲要（2014—2020 年）》提出，到 2020 年我国粮食产量要确保稳定在 55 亿吨以上，这个目标远远低于目前国内的消费水平，这是否意味着我国粮食自给自足的政策有所改变？今后我国是否会进口更多的粮食？"十连增"之后如何继续持续增产？这个问题，实际上也是每一个中国人关心的问题。

农业部部长韩长赋告诉记者，由于我国资源有限，消费在逐步增长，所以也要适当地利用国际市场。这几年我们粮食的进口量确实在增加，但是总量并不大，2013 年进口粮食 1300 万吨，只占我们国内消费量的 24%。为什么必须以我为主，立足国内？一方面是因为世界市场粮食交易量小，各国为保障粮食安全，主要坚持自给自足的方针。全世界的粮食贸易量只有 6000 亿斤，相当于我们产量的一半。大米，我们的第一主粮，全世界年交易的大米只有 700 亿斤，相当于国内消费量的 1/4，这些交易的粮食不可能都卖给我们。另一方面，受国际局势、自然灾害等外部环境的影响，国际粮食价格的波动也在所难免，从而影响国内粮食市场和供给。最近乌克兰局势动荡，引起了国际市场粮价的波动，说明国际粮食市场还是很脆弱。

同时，从国内情况看，也存在耕地面积减少、主产区粮食产量减少的挑战。主销区和主产区源于2001年粮食流通体制改革，全国被划分为13个粮食主产区、7个主销区和11个基本平衡区。由于主销区以工业化、城市化为主导，不再承担粮食生产的具体任务，这造成了主销区粮食产量和耕地数量的迅速下滑。据国土部数据，1996年至2006年，全国耕地减少了约1.24亿亩，这些流失的耕地中有超过半数分布在珠三角和长三角，这些良田沃土被征用后又被转变用途，变成厂房、道路、住宅。目前，随着城镇化、工业化的发展，粮食主产区的生产潜力和生产能力面临着新的危机，13个粮食主产省区中只有5个省份能够稳定地输出粮食，像辽宁、湖北、四川已经成为缺粮省。未来的粮食输出只能越来越依靠黑龙江、吉林、内蒙古等少数几个省份，而我国7个主销区目前年粮食缺口在7000万吨以上。

（二）如何保证饭碗端在自己手中

2013年末中央经济工作会议提出“以我为主、立足国内、确保产能、适度进口、科技支撑”的20字方针，2014年中央一号文件首次明确提出构建新形势下的国家粮食安全战略，把粮食安放在重中之重的地位，上升到了基本国策。文件要求把饭碗牢牢端在自己手上，是治国理政必须长期坚持的基本方针。要求综合考虑国内资源环境条件、粮食供求格局和国际贸易环境变化，实施以我为主、立足国内、确保产能、适度进口、科技支撑的国家粮食安全战略。

新战略鼓励集中力量保重点、保口粮，适度进口则是新战略的重要组成部分。在开放的环境下，更好统筹两个市场两种资源是我们做出的重大战略调整。同时，立足国内解决吃饭问题，饭碗端在自己手里的立场没有变，要提高国内产能，通过科技支撑，使口粮得到更好保证。此外，新战略从农田到餐桌，对农产品从数量和质量上保证粮食安全提出了新的要求。

首先，主销区要保证一定口粮自给率。对粮食主产区而言，在粮食价格较低、税收贡献极为有限的情况下，大量资金投入却难以带动GDP增长，这使得地方的积极性受到制约，部分主产区的地方政府用在“钱袋子”上的精力也超过了“米袋子”，这种状况成为我国粮食安全的重大隐忧。同时，发达地区不种粮或者减少粮食种植，在粮食价格倒挂的背景下，加大了粮食主产区的负担。正是针对这一问题，2014年中央一号文件首次明确提出了主销区的种粮任务，要求加大力度落实“米袋子”省长负责制，进一步明确中央和地方的粮食安全责任与分工，主销区也要确立粮食面积底线、保证一定的口粮自给率。这一政策要求的出台，将有利于改变主销区“种房种厂不种粮”的现象。

同时，文件也明确了一系列的激励措施，包括完善重要农产品价格形成机制，逐步建立农产品目标价格制度，在市场价格过高时补贴低收入消费者，在市场价格低于目标价格时按差价补贴生产者，切实保证农民收益；加大对主产区的财政转移支付力度，增加对商品粮生产大省和粮、油、猪生产大县的奖励补助，鼓励主销区通过多种方式到主产区投资建设粮食供应生产基地等；完善农业补贴政策，继续实行种粮农民直接补贴、良种补贴、农资综合补贴等政策，新增补贴向粮食等重要农产品、新型农业经营主体或主产区倾斜。

其次，强化农产品质量和食品安全监管。从注重数量转为数量质量并重，以可持续的方式确保数量、质量双安全。这是解决当前人们对农产品信任危机的根本手段。文件要求建立最严格的、覆盖全过程的食品安全监管制度，落实地方政府属地管理和生产经营主体责任。支持标准化生产、重点产品风险监测预警、食品追溯体系建设，加大批发市场质量安全检验检测费用补助力度。加快推进县乡食品、农产品质量安全检测体系和监管能力建设。

对于如何保证粮食稳产增产，农业部长在“两会”记者会上强调，一要靠政策，继续高度重视粮食生产和粮食安全，加大政策扶农支农力度；二要靠科技，提高科技的贡献率；三要靠基础设施，改善农业生产条件。还有更重要的一点，就是要加大措施保护耕地，坚守耕地红线。也就是筑牢三大支柱，坚守一条红线，同时积极创新农业经营体系。

三、更加现代化的农业：加快构建新型农业经营体系

首先，要完善农村土地承包制度，发展农业适度规模经营。随着越来越多的农村转移劳动力在城镇就业定居，农业从业人员逐步下降，发展农业适度规模经营的条件已初步具备。当前和今后一段时期，扩大农业经营规模主要有两条途径：一是通过土地经营权流转，扩大土地经营规模；二是引导一部分农户退出承包地，增加人均土地占有规模从而扩大农业经营规模。发展适度规模经营重点是规范和引导土地承包经营权流转，培育专业大户、家庭农场、农民专业合作社和农业企业等规模经营主体。

其次，要扶持发展新型农业经营主体。鼓励发展专业合作、股份合作等多种形式的农民合作社，允许财政项目资金直接投向符合条件的合作社，允许财政补助形成的资产转交合作社持有和管护，引导发展农民专业合作社、联合社。

再次，要健全农业社会化服务体系，提高农业经营组织化程度。培育专业大户、家庭农场、农民专业合作社和龙头企业等规模经营主体，是转变农业经营方式的长期方向，但在相当长的一段时期内较小规模的家庭经营仍将大量存在，当务之急是要尽快建立起覆盖全程、综合配套、高效便捷的新型农业社会化服务体系，扩大农业服务规模，提高农业经营组织化程度。一要抓紧制定和落实针对农民专业合作社的财政、税收和金融支持政策，鼓励和引导农民专业合作社开展信用合作，扶持农民专业合作社加快发展，提高农民专业合作社生产经营、技术应用、信息搜集和市场开拓的能力，增强其为成员服务、维护成员利益的功能，充分发挥其为农服务的基础作用。二要在继续支持龙头企业做强做大的同时，倡导龙头企业积极履行社会责任，引导龙头企业与农户建立更加公平合理的利益联结机制，充分发挥其为农服务、带农增收的骨干作用。三要健全乡镇或区域性农业公共服务机构，建立村级服务站点，创新管理体制，充实农业公共服务人员，提高人员素质，加强农业公共服务能力建设，使其成为农业社会化服务体系的重要支撑。

四、农民财产权利新变化：以土地经营权抵押贷款为例

作为对中央提出农村土地“三权分离”改革的一项重要实践，四川省成都市温江区日前完成了首笔农村土地经营权抵押贷款。2014 年农历新年刚过，41 岁的苗木商郭朝建又从银行获得了一笔 62 万元的贷款，虽然这笔贷款与以往的贷款相比，并不算是一笔大数目。但这笔贷款却是郭朝建用 122 亩的农村土地经营权做抵押贷来的。在温江，用种植在土地上的苗木做抵押向银行贷款已有多年，但这次，郭朝建只提供了流转合同、营业执照以及 122 亩的《农村土地经营权证》等，就很轻松地从银行贷款 62 万元。郭朝建说：“过去贷款，是以地上的附着物做抵押，不仅手续繁琐，而且受市场价格影响，银行方面也觉得风险比较大。通常价值 4000 万元的苗木，能贷款 1000 万元。这次 62 万元的贷款，没有用苗木做抵押，而是用土地经营权，手续简便，基本解决了后三年的生产管理费用。”

党的十八届三中全会明确提出“构建新型农业经营体系，赋予农民更多财产性权利”。2014 年中央一号文件明确提出坚决破除体制机制弊端，坚持农业基础地位不动摇，加快推进农业现代化，首次提出赋予农民对承包地承包经营权抵押、担保权能。

在土地流转中，农民的权益应该获得充分保障。新一轮农村土地制度改革的核心，就是要赋予农民更多财产权利。中央一号文件首次提出农民承包经营权可抵押，强调稳定农村土地承包关系并保持长久不变，在坚持和完善最严格的耕地保护制度前提下，赋予农民对承包地占有、使用、收益、流转及承包经营权抵押、担保权能。承包地所有权、承包权、经营权“三权分离”正式提上农村土地制度和产权法治建设层面，必将释放巨大改革红利，再一次推动农村生产力的大解放。依法推动承包权主体同经营权主体分离，是生产力、生产关系调整之必需，也是保障农民权益当务之急。

赋予农民对承包地承包经营权抵押、担保的权能，使农民拥有更多的土地使用权权能，让农民拥有承包地的权能更加完整和充分，有利于进一步完善农民同土地的关系，有利于维护农民土地权益，有利于保护土地使用权作为农民的用益物权，有利于扩展农地的生产经营功能。在我国，农村土地属于集体所有，农民通过承包经营获得的是土地的使用权。农民拥有的土地使用权主要是两个部分，一个是土地承包经营权，包括耕地、林地、草地的承包经营权，另一个是宅基地使用权。

需要指出的是，赋予土地承包经营权抵押、担保的权能，并不会改变农村土地集体所有性质。土地承包经营权抵押，所抵押的只是农民对土地的使用权，即用益物权，而不是土地的所有权。2007 年颁布的《物权法》将土地承包经营权界定为用益物权。用益物权抵押并不会改变农村土地的集体所有权性质。即使出现抵押风险，所转移的也只是土地承包经营权，即转移的是土地的使用权，土地的所有权并不会发生转移，农村土地集体所有的性质不会改变。

五、建设社会主义新农村：借力新型城镇化

（一）新型城镇化建设背景下的新农村建设

改革开放以来，伴随着工业化进程加速，我国城镇化经历了一个起点低、速度快的发展过程。1978—2013 年，城镇常住人口从 1.7 亿人增加到 7.3 亿人，城镇化率从 17.9%提升到 53.7%，年均提高 1.02 个百分点；城市数量从 193 个增加到 658 个，建制镇数量从 2173 个增加到 20113 个。城镇化的快速推进，吸纳了大量农村劳动力转移就业，提高了城乡生产要素配置效率，推动了国民经济持续快速发展，带来了社会结构深刻变革，促进了城乡居民生活水平全面提升。

根据世界城镇化发展普遍规律，我国仍处于城镇化率 30%—70%的快速发展区间。目前我国常住人口城镇化率为 53.7%，户籍人口城镇化

率只有36%左右，不仅远低于发达国家80%的平均水平，也低于人均收入与我国相近的发展中国家60%的平均水平，还有较大的发展空间。

新型城镇化有利于推动农村人口向城镇转移，带动农村人口就业，从而使更多农民通过转移就业提高收入，通过转为市民享受更好的公共服务。目前，我国每年从农村转移到城镇的人口有1000多万，相当于欧洲一个中等国家的人口总量，未来较长一段时期我国城镇人口还将增加3亿，相当于美国的人口总量。

新型城镇化有利于推动农业规模经营。我国农村人口过多、农业水土资源紧缺，在城乡二元体制下，土地规模经营难以推行，传统生产方式难以改变，这是“三农”问题的根源。我国人均耕地仅0.1公顷，农户户均土地经营规模约0.6公顷，远远达不到农业规模化经营的门槛。城镇化总体上有利于集约节约利用土地，为发展现代农业腾出宝贵空间。随着农村人口逐步向城镇转移，农民人均资源占有量相应增加，可以促进农业生产规模化和机械化，提高农业现代化水平和农民生活水平。

新型城镇化有利于推动城乡公共服务的一体化和均等化。当前，公共资源在城乡配置推移问题仍然突出，农村基础设施、社会保障、教育、医疗卫生、文化体育等公共设施和公共服务相对落后。随着城镇化水平的提升，全国范围的小城镇的发展，也将带来基础设施和公共服务向农村的延伸。

（二）新农村建设的新要求

中共中央、国务院2014年3月16日印发的《国家新型城镇化规划（2014—2020年）》在对新型城镇化做出具体规划的同时，按照统筹城乡发展和城乡一体化的基本原则，对建设社会主义新农村同时作出具体规划，要求坚持遵循自然规律和城乡空间差异化发展原则，科学规划县域村镇体系，统筹安排农村基础设施建设和社会事业发展，建设农民幸福生活的美好家园。

走向生态文明新时代，建设美丽中国，是实现中华民族伟大复兴的中国梦的重要内容。美丽乡镇是美丽中国的重要构成。李克强总理在 2014 年《政府工作报告》中提出努力建设生态文明的美好家园，整治农业面源污染，建设美丽乡村。这就要求我们首先要科学编制县域村镇体系规划和镇、乡、村庄规划，按照发展中心村、保护特色村、整治空心村的要求，在尊重农民意愿的基础上，科学引导农村住宅和居民点建设，方便农民生产生活。江苏省铜山区近年来大力推进美丽乡村建设，通过科学规划、科技引领、突出重点、突出特色，形成了千姿百态的乡村田园风貌。他们在提升自然村落功能基础上，保持乡村风貌、民族文化和地域文化特色，保护有历史、艺术、科学价值的传统村落、少数民族特色村寨和民居。

农村基础设施和服务网络是建设现代化新农村的重要内容，也是实现城乡一体化的必然要求。要采取集中供水、分散供水和城镇供水管网向农村延伸的方式解决农村人口饮用水安全问题；要继续实施农村电网改造升级工程，提高农村供电能力和可靠性，实现城乡用电同网同价。同时，要加强以太阳能、生物沼气为重点的清洁能源建设及相关技术服务。培育面向农村的大型流通企业，增加农村商品零售、餐饮及其他生活服务网点。开展村庄整治，推进农村垃圾、污水处理和土壤环境整治，加快农村河道、水环境整治，严禁城市和工业污染向农村扩散。同时，还要加快农村危房改造进度，完善农村公路网络，实现行政村通班车。加强乡村旅游服务网络、农村邮政设施和宽带网络建设，改善农村消防安全条件。

建设幸福生活的新农村，还要加快农村社会事业发展，推进城乡基本公共服务的一体化和均等化。要加强农村地区义务教育、基本医疗和公共卫生、公共文化体育等公共服务的建设，建立健全新型职业化农民教育、培训体系，完善农村最低生活保障制度，健全农村留守儿童、妇女、老人关爱服务体系，使农民逐步享有与城市居民大致相等的基本公共服务。

第八篇

破解“荒谬组合”之道：金融体制改革向纵深发展

金融是现代经济的核心，金融改革牵一发而动全身。李克强总理在 2014 年《政府工作报告》中就金融改革提出，“继续推进利率市场化，扩大金融机构利率自主定价权。保持人民币汇率在合理均衡水平上的基本稳定，扩大汇率双向浮动区间，推进人民币资本项目可兑换。稳步推进由民间资本发起设立中小型银行等金融机构，引导民间资本参股、投资金融机构及融资中介服务机构。建立存款保险制度，健全金融机构风险处置机制。”这些政策有什么针对性，要解决什么问题，这里，就这些问题进行一些探讨。

一、可怕的“影子”：天量货币和“钱荒”

2013 年 6 月 20 日，钱荒意外袭来！长信银行毫无防备，投资业务浮亏 20 亿。首要责任人、资金部总经理韩玉急火攻心，从金融街投资大厦一跃而下。韩玉是前华尔街投资鬼才，是业界精英。韩玉跳楼的消息迅速传遍金融圈，各银行人人自危，拼命抢夺资金，银行间隔夜拆借利率飙升。兵荒马乱之际，各个银行都各打小算盘，不仅没有雪中送炭，还要乱中取利捞钱。不过，韩玉并没有死，他挂在了防护安全网上。逃过一死的韩玉重振精神，在神秘人物的帮助下，推出“紫光蝴蝶计划”。韩玉利用市场恐慌造成的 V

形黄金谷，刀口舔血，绝地反击，生生抹平 20 亿浮亏。长信银行逃过一劫。

这是 2013 年一部最热的金融小说《同业鸦片》中的情节，局外人看罢，觉得惊心动魄。

这部小说取材于我国 2013 年 6 月金融界出现的“钱荒”。2013 年 6 月 20 日，Shibor（上海银行间同业拆放利率）创下历史最高点 13.444%。而在 4 月份，Shibor 仅为 3%，6 月 3 日，Shibor 为 4.599%，6 月 17 日，Shibor 为 4.813%。6 月 20 日，Shibor 迅速暴涨到 13.444%，接近 6 月 17 日的 3 倍。Shibor 被金融界人士看作资本市场的晴雨表。所谓“隔夜拆借”，就是一个银行由于短期资金不足，向另一个银行借钱，一般是一天或一周之内，并付一定的利息。如果市场上资金充足，很容易借到钱，所付的利息就很低，如果很难借到钱，自然就需要付出高额利息。6 月 20 日，Shibor 暴涨，这就意味着在资本市场上资金空前紧张，难以借到钱。为此，许多银行千方百计筹措资金。市场一片恐慌。当日，股市暴跌，上证指数跌破 2100 点，此前坚挺的创业板指数大跌 3.57%。亚太资本市场也是风声鹤唳，草木皆兵。在冷眼旁观多日后，中国人民银行连续五周净投放 3510 亿元逐渐平息这场“钱荒”。

小说《同业鸦片》的人物情节是虚构的。但是，虚构小说所讲述的故事，却折射出中国金融业现实存在的问题。这也是这部小说之所以迅速走红的原因。

怎么会发生钱荒？

从常理而言，我国是不应该发生钱荒的。因为我国货币投放量是巨大的。2007 年美国次贷危机引发全球金融风暴，随后冲击我国实体经济。为了应对危机，2009 年以来，我国实行宽松的货币政策和积极的财政政策，国家投资 4 万亿拉动经济，再加上地方政府配套资金，形成了巨大的人民币投放量。截至 2013 年第一季度，我国广义货币（M_2）已经超过 100 万亿元，而 2002 年年初这一数字仅为 16 万亿元。

我国货币总量与GDP之比是200%。我国经济总量为世界第二，大约为美国的1/3，而货币投放量比经济总量第一的美国高出1.5倍，位居世界第一。但是，如此巨大的货币投放，却在2013年6月和2013年12月出现两次“钱荒”，造成资本市场极度紧张。

发生钱荒的表面原因，是监管部门的年中和年末审查。为了保持金融安全，维护经济平稳，监管部门为银行制定了一系列指标，如存贷款比例等。因此，临近监管审查，很多银行需要拆借资金来迎接期中和期末考试。这就造成了2013年6月中旬和12月中旬的资本市场资金紧张。

但是，更深层的原因是，我国出现了规模巨大“影子银行”业务。“影子银行”就是银行正常的存贷款业务之外的活动，更多的是为了规避银行监管而出现的所谓“金融创新”。银行大量资金进入“影子银行”业务，因此，在“期中”和“期末”考试中，这些银行需要大量资金来应对银监部门审查。因此，在这个时间点资金需求量骤然放大。

在巨大的货币投放量情况下出现“钱荒”，这种“荒谬组合”凸现出我国金融体系的深层问题。这种“荒谬组合”还不止这一点。我国经济现在呈现出虚拟经济偏热，实体经济偏冷的特征。这又是一组“荒谬组合”。从普通人的感觉看，有巨量的游资在中国经济体中游荡，除了楼市外，我国出现过普洱茶热、红木家具热、古玩热。2009年开始，甚至普通食品也成了炒作对象，先后出现“蒜你狠”、“豆你玩”、“姜你军”等热炒现象。可谓热钱滚滚。但是，急需资金的中小企业、农业、个人却贷款难，难以筹集发展的资金。从存贷款利率看，个人存款低利率，而对中小企业，却是高贷款利率。这又是一个“荒谬组合”。还有一组“荒谬组合”，就是人民币对外升值和对内贬值的问题。

这些“荒谬组合”说明，我国金融体系存在深层结构问题，必须“动手术”来解决这些深层次的问题。

二、继续推进利率市场化：金融机构的自主定价权，百姓的选择权

继续推动利率市场化，就是要发挥市场机制的作用，给金融机构利率自主定价权，提升其风险定价能力，优化金融体系的内在结构。

2004 年 12 月，前阿里巴巴集团 CEO 马云先生创立支付宝，这是国内领先的独立的第三方支付平台，定位于电子商务支付。2013 年 6 月 17 日，马云借助支付宝这个平台，推出余额宝。在短时间里，余额宝吸金 1850 亿，会员人数达到 4303 万。据某国有银行郑州分行的一名高管计算，余额宝一年吸金相当于拿走了一家大型国有银行在河南全年新增存款的 15 倍！截止 2014 年 2 月 26 日，余额宝会员已经增至 8100 万人。复兴集团董事长郭广昌粗略地算了一下，由于马云的余额宝，银行损失约 250 亿利润。

余额宝本质上是一种网络理财产品。它是从我国金融体系不完善的地方发现了商机。

在从计划经济向市场经济转型过程中，为了避免经济震荡，我国对存贷款利率进行管制，存款利率规定上限，贷款利率规定下限。银行自己并没有定价权。这样，在我国出现了存款利率偏低，而贷款利率偏高的现象。2009 年以来，为了应对国际金融危机，我国实行宽松货币政策和积极的财政政策，巨大的流动性增加了通货膨胀的压力。而这种通胀压力吞噬了银行现有的低利率，实际上，存款变成了负利率。银行存款大搬家，进入股市、楼市以及其他市场。为了吸收存款，又规避国家相关的利率规定，很多银行开始出售各种类型的理财产品。根据风险程度，给与一定的利息。一般来说，一年期保本保利息的理财产品利息约为 4.25%左右，只是要求一定的门槛，比如，本金要达到 10 万，3 个月一结算，在这期间不能收回本金。实际上，这是把一年期利率提高到 4.25%，而国家规定的一年期基准利率是 3.25%，比国家规定的基本利率提高约 30%。根据风险和本金额度，理财产品的利率不断升高。实际上，这是变相的利率市场化了。

余额宝相比较银行推出的理财产品，其最大特点是门槛低、收益高、自由收回本金，而且相比银行理财更加便利。普通人为了使用方便，几百元、几千元往往存成活期存款，这样的银行利率只有0.35%。理财产品虽然利率高，但这样的小钱根本无法参与。而余额宝1元起步，可以说没有门槛，收益率能达到6%，而且随时收回本金。其收益率是银行活期存款的17倍，这对银行的冲击可想而知！这也是余额宝引起热议的原因。

归根结底，余额宝之所以出现，就是因为我国存在的金融抑制，从而出现低存款利率，高贷款利率这种价格扭曲现象。

继续推动利率市场化，就是要消除由于金融抑制产生的各种问题。

推动利率市场化，最核心的目标就是通过给金融机构以自主定价权，在市场竞争中，一方面提高银行的自身的素质，一方面优化资源配置。自由意味着自己选择，意味着自己要承担责任。银行也要面对这个问题。在国家限制存款利率上限、贷款利率下限的情况下，银行获得了一个国家给其限定的高利差，这就是银行的巨额利润。而在利率限制的情况下，银行所做的就是尽量的贷款，贷款越多，获得的利润就越大。但是，这是在金融抑制下所特有的数量上的扩张，而不是银行金融管理水平上的提升。并且，大多数银行业务也是差别不大。

在现代金融业中，商业银行最核心的业务水平就是风险定价能力。在国家限制利率的情况下，商业银行并没有动力提高风险定价能力。但是，在利率自由化的情况下，则对银行的风险定价能力提出非常严格的要求。由于银行有了自主定价权，就要求它对不同的贷款人进行风险定价。信用好，发展前景光明的贷款人就会获得优质贷款，利率就会低。而信用低，发展前景不明的贷款人，银行贷款时所冒的风险大，其获得的信贷自然就差，利率就高。这个过程也是一个资金优化配置的过程。这对银行的技术人员、管理人员以及相应的管理机制都提出了严格的要求。

利率自由化也增加了普通百姓选择的权利。在存款利率由国家统一规定的情况下，人们无法选择利率高低，更多得是看是否方便。而如果银行存款利率市场化，银行为了吸引储户，必然要提高利率。普通存款者首先看的自然是谁的利息高，谁的服务质量好。这将大大提高普通百姓的选择权。

随着利率市场化，存贷款的利差将会缩小，这也是银行让利的过程。

利率市场化不是突然出现的，也不是一蹴而就的。实际上，我国的利率市场化一直在推进过程中，只不过为了避免金融风险，是以渐进的方式进行。中国的利率市场化已经走了 20 年：1993 年，我国就提出利率市场化改革目标；1996 年，银行同业拆借利率、银行间债券回购利率放开，成为改革突破口；1998 年，贴现利率生成机制调整，再贴现成央行政策工具；1998 年 8 月，银行间债券市场金融债发行市场化；1999 年 10 月，银行间债券市场国债发行市场化、大额存款协议制度确立；2000 年 9 月，大额外币存款和贷款利率放开；2002 年 3 月，部分外币小额存款利率市场化；2003 年 7 月，主要国际货币小额存款利率实行上限管理；2004 年 1 月，贷款利率浮动区间扩展为[0.9，1.7]，农信社[0.9，2]；2004 年 10 月，贷款上限放开，存款下限放开；2012 年 6 月，存款上限扩展到 1.1，贷款下限调整为 0.8；2013 年 7 月，贷款下限取消。可以说，我国利率市场化开始于同业市场，然后是外币市场，再进一步是贷款市场，现在只剩下存款利率市场化最后一关。

2014 年 3 月 11 日，十二届全国人大二次会议新闻中心举行记者会，中国人民银行行长周小川在答记者问时表示，在他个人看来，存款利率很有可能在最近一两年内放开。届时，中国将走完利率市场化的进程。当然，对银行来说，则要面对市场的竞争和挑战。

三、银行可以破产了：银行回归企业，承担自己的责任

李克强总理在 2014 年《政府工作报告》中提出，建立存款保险制度，健全金融机构风险处置机制。

建立存款保险制度，健全金融机构风险处置机制，最核心的一点，就是银行可以破产了！

大家都知道，在传统上，我们国家是不存在存款保险问题的。在一般老百姓心目中，把钱存在银行里，就是为了“保险”，甚至利息低一点也无所谓。这是与我国的计划经济特点相联系的。经济按照国家的统一计划发展。而银行就是为计划经济服务的工具，银行自身不存在自主权，甚至不存在盈利问题，自然也不存在破产问题。

但是，随着我国市场经济的不断发展，资本市场无论在深度上还是广度上都在拓展。金融领域引入市场机制也是大势所趋，金融机构逐渐成为自主的、最大限度地追求自身利益。

什么是市场？市场意味着竞争，意味着优胜劣汰。正是这种优胜劣汰，激发金融机构从业人员不断提升资质和能力，不断加强管理，提供优质服务，由此获得自己的利益。当然，这也意味着，能力不强、管理不善、发展定位失误、投资失误的银行，面临着破产的风险。

既然银行获得市场中的自主定价权，那么，自然就要承担投资失败的责任。

对于其他企业来说，市场中的优胜劣汰是理所当然的，但是，银行却具有特殊性。金融是现代经济的核心，一旦金融体系发生混乱，就可能迅速殃及实体经济。因此，金融体系的系统性和重要性衍生出了一种独特的“大到不能倒”现象，并有可能形成一种“道德风险”。

1994年2月，美国长期资本管理公司成立。公司的几位创始人是数学天才，他们建立一个完美的投资对冲模型，并凭借这一投资模型取得了惊人业绩，第一年，投资人的收益达到28%，1996年，投资收益达到惊人的57%。长期资本管理公司迅速壮大。但是，数学模型可能是完美的，但现实世界是不完美的。1998年，俄罗斯债券市场崩溃。金融和数学天才们的模型根本无法预测这个极偶然事件，顿时陷入困境。更要命的，长期资本管理公司使用了极高的杠杆，杠杆率最高时达到100倍。也就是说，手里有1亿美元，再借入100亿美元投资。一旦投资成功，比如，获得 5%的利润，就是 5 亿美元的利润，相对于 1 亿美元，就是 500%的利润。但是，一旦亏损，比如亏损 2%，就亏损 2 亿美元，不仅本金血本无归，还欠 1 亿美元。这就是所谓的高杠杆、高风险和高收益。长期资本管理公司就面临这种情况。长期资本管理公司当时有 40 亿美元资本，但合约涉及的金额达到 1 万亿。在银行间具有千丝万缕联系的情况下，一旦长期资本管理公司倒闭，整个华尔街将卷入风暴。最后，在格林斯潘的授意下，各大投行的头面人物开会，一同注资拯救长期资本管理公司。史无前例！不过，公司的管理者被赶出了华尔街。

这是金融风险管理的最经典案例。

金融的特殊性决定了对一些陷入困境的大商业银行不得不进行救助，这就产生了一种道德风险，在明知风险巨大，但为了个人，或者小集团利益，进行恶性投资，巨大的收益归自己，一旦出现问题，则让国家和社会来填补窟窿。2007 年的金融风暴中，美国各大投行就抱有这样的心态。这引起普通百姓的极大愤怒，凭什么这些人平时收入动辄百万千万，而一旦投资失败就让普通纳税人的钱来拯救他们？更加不可思议的事，这些美国金融精英一拿到政府救助款，立即发年终奖，而且振振有词，说是有合同，是法律给予的权利。气得奥巴马骂他们是“肥猫”。

还有一点，就是金融风险只能被转移，但不能在金融系统中消失。所谓保险，就是把风险转移给保险公司，保险公司再转给所有投保人分担来化解风险。真正根除风险，就要在投资之初评估、避免风险，并且要有外在机制制约银行的投资冲动。

随着利率市场化的进程，我国银行将成为企业，企业就要盈利，并且要求盈利最大化。另外，我国中小型商业银行如雨后春笋，迅速发展。而且，在不久的将来，民营银行也将登上舞台。

在这种情况下，我国所面临的最大问题，就是规避风险，尤其是要避免商业银行凭借其银行的特殊性，不顾风险，恶意投资，商业银行捅“窟窿”，以“大到不能倒”绑架国家和社会，要求国家补“窟窿”。

我国现在所出现的影子银行，已经显示出了这种苗头。影子银行是银行存贷款利益以外的银行业务，是在规避国家相关政策过程中产生的。比如，国家为了控制房地产泡沫风险，制定相关政策法律限制向房地产投资，这样，商业银行就建立信托投资公司，再由信托投资公司投资房地产。金融小说《同业鸦片》这样描述这种操作：甲房地产公司拿到了一个大项目，想从A银行贷款。由于调控政策不允许银行给房地产行业贷款，所以A银行需要通过自己的信托公司给甲公司注资，为了进一步避开监管，又请B银行协助。办法是让B银行发售理财产品吸收资金，然后把资金注入信托公司，辗转交与甲公司。最后结果是A银行得到超额利息收益，甲公司得到资金，B银行得到“过桥费”。

我国影子银行存在的最大问题就是期限错配。银行的理财产品都是3到5个月的期限，而银行的投资却是长期项目如城市基础设施改造。这些城市基本改造很难短期收回资金。这就形成了以短期负债支撑长期投资。从全球经济大势来看，美国正逐渐退出量化宽松，全球的趋势是去杠杆，逐步退出货币宽松政策，全球的流动性趋于紧缩。在这种情况下，影子银行存在的期限错配蕴含着金融风险。银行可以破产，给这些商业银行敲响警钟，迫使其主动优化结构，规避风险。

总之，我国政府推出允许银行破产，建立存款保险制度，健全金融机构风险处置机制，从长远看，是为了推动金融市场化健康发展，从所面临的近期经济形势来看，是为了应对金融风险。当然，人们也大可不必恐慌，这也是一个循序渐进的过程。

四、允许民间资本进入银行业：激发银行业的活力，更好为实体经济发展服务

2013年3月11日，中国银监会主席尚福林在“两会”新闻中心举行的记者会上说，在加强监督的前提下，允许具备条件的民间资本依法设立民营银行已列入今年改革任务。目前首批5家民营银行在天津、上海、浙江和广东展开试点。试点民营银行享受国民待遇，接受相同的监督管理。在此前提下，这些试点民营银行具有一些特性：要突出市场机制的决定性作用，要突出特色化业务、差异性经营；重点是服务小微企业，服务社区功能，以完善多层次的银行业金融服务体系；突出风险和收益自担的商业原则，重点是要依法做好风险管控和损失承担的制度安排。

从银鉴会主席尚福林的讲话来看，民营商业银行试点，其目的是引导民间资本，完善多样化金融服务体系，为中、小、微型企业服务，为社区服务。这一改革是非常有针对性的。

我国现在存在的一个尖锐问题就是，虚拟经济热，热钱汹涌，游资泛滥；实体经济冷，中小企业贷款难、贷款贵。表面上，是大银行不愿意贷款给中小企业。但是，这里面还有深层次问题。这就是我国现阶段外向型经济衍生的问题。我国的外向型经济是以廉价劳动力为相对优势参与国际分工和竞争，在取得举世瞩目的成就时，也产生了一系列问题。

以最著名的芭比娃娃为例。

按照美国商务部所公布的数据，我国企业制造芭比娃娃的价值是 1 美金，最后在美国的沃尔玛卖出去的价格是 9.99 美金。从一开始的制造到终端的零售整个价值的创造接近 10 美金，可是中国制造业只创造了 1 美元的价值。其他的近 9 美金的价值是怎么创造的呢？包括产品设计、原料采购、仓储运输、定单处理、批发以及零售，整条大物流的产业链，基本上都操控在欧美各国的手中。当然，这 1 美元也不会完全给中国生产厂家。据媒体报道，我国厂家生产一只芭比娃娃，只能赚取 0.35 美元的加工费。在产品的利润分配中，中国厂家的地位可见一斑。

芭比娃娃最突出地暴露了我国外向型经济存在的问题。我国以廉价劳动力参与国际分工，是希望借助西方的技术、市场、品牌来发展自己。但是，在发展的特定阶段，我国沿海制造业被整合到价值链的底部，在利润分配中处于非常不利的地位。中国不是“世界工厂”，而是“世界车间”。

这就造成了以下问题。第一，劳动者工资偏低。劳动力“廉价”是我国以劳动力参与国际竞争的一个前提条件。第二，我国在整个价值链中，处于中低端位置，获得利润少。这也反过来抑制工资增长。第三，外向型企业对外部市场依赖大。劳动者工资偏低，福利制度不健全，自然会影响国内消费市场。长期以来，我国居民消费在GDP所占比重偏低，也就是这个原因。第四，利润微薄，过于外部市场依赖，造成我国沿海外向型经济体抗风险能力差。

2007年，美国次贷危机引发金融风暴，美国经济低迷，随后欧洲爆发债务危机。这些造成了外部市场动荡，外需减少。同时，我国为了应对危机，采用宽松的货币政策和积极的财政政策。但是，这也不可避免地造成了物价上涨，劳动力成本上升。进一步压缩了沿海外向型制造业的利润空间。中小企业经营困难，风险大。这也是大银行不愿意贷款给中小企业的原因。

内部和外部消费市场不振，表现为产能过剩。在产能过剩的情况下，任何扩大再生产的行为，都会导致更大规模的竞争，导致更大的风险。因此，在这种情况下，企业家自然会把资金从实体经济转向虚拟经济，也就是投向股市、楼市、黄金、古董，甚至炒作大蒜、生姜。

据新闻报道，温州一家拥有1000多名工人的企业，苦干精算，一年利润一百来万，而企业老板的妻子在上海买10套房子，8年后获利3000万。这可以集中说明为什么虚拟经济热，实体经济冷。

允许民间资本建立银行，服务微、小企业，实际上就是要建立一个有效的金融通道，让从实体经济流出的热钱再回到实体经济。这既减少金融风险，又推动中小企业发展。

当然，要实现这个目标，就要制定政策鼓励、推动民营银行服务微、小、中型企业。但是，以民营银行服务中小企业，其意义不仅于此。前面说过，虚拟经济热的原因，首先在于实体经济冷，在于外向型制造业在国际产业链、价值链中处于低端位置。因此，要解决这个问题，关键是扶助制造业产业升级，如资助技术研发、品牌创新、网络营销等。从长远发展来看，允许民间资本进入银行体系，能够让制造业获得更大的金融支持。比如，随着民营银行的健康发展，领域拓宽，同行业中有实力的中小型企业可以联合起来设立银行，通过银行为自己的发展进行融资。这样，在一定的本金基础上，可以获得更大的融资，为企业发展服务。这也是国际上一些大企业的发展轨迹。

在做好风险管理的基础上，民营银行值得期待。

五、人民币国际化：在国际市场中逐步提升人民币地位

我国是世界第二大经济体，是世界上最大的进出口贸易国之一。人民币国际化，就是要人民币在世界金融版图中占据它应有的地位，获得应有的话语权和参与制订金融规则的权力。

有一个笑话。兄弟两人，哥哥狡猾，兄弟老实。两个人一块种小麦，哥哥说，咱们今年收小麦，我要上半截，你要下半截。明年呢，你要上半截，我要下半截。弟弟同意了。哥哥得到麦穗，弟弟只得到麦秸。第二年，又到了种麦子的时候，弟弟催促哥哥干活，哥哥说，别急，今年咱们种红薯。

按照约定，哥哥获得了第一年小麦的收成，而当弟弟按照约定要求获得第二年的小麦收成时，哥哥却修改“规则”，要获得第二年的全部收成。如果弟弟只是被动遵守规则，那么，他就永远不能获得应得的利益。

现在的国际储备货币主要是美元。美国借此可以制定、影响国际金融秩序和规则，获得巨大利益。据说，当年，法国总统戴高乐就曾抨击美元说，别的国家要得到国内缺乏的资源，它就要出口自己产品换取美元，然后购买这种资源。而美国不同，美国可以直接印美元来购买。除了戴高乐所说，还有更重要的一点，别的国家的货币政策总是受制于国际金融大环境，反之，美国可以利用美元的国际储备地位，采取一定的货币政策，影响国际金融大环境，牟取自己国家利益。这被称之为美元"霸权"。

近年来，我国出现了人民币"对外升值，对内贬值"的经济现象。这种现象的深层根源是人民币与美元的不平等。

1993 年，我国进行汇率改革，实行以市场供求为基础的、单一的、有管理的浮动汇率制度，主要特点是盯住美元，保持人民币汇率稳定。随着我国外向型经济的发展，我国贸易顺差不断扩大，出现了大量以美元为主的外汇盈余。这里就产生一系列问题。汇率实际上是货币之间的比价。比如，在自由兑换的情况下，当中国国内美元稀缺时，美元兑换人民币汇率就会上升，反之，当随着贸易顺差美元不断涌入时，美元兑换人民币汇率就会不断降低，人民币对美元升值。但是，对我国现阶段外向型经济体来说，人民币快速升值，就会严重影响我国出口企业的国际竞争力。因此，中国央行不得不收购这些流入的美元，形成外汇储备，同时，按照当时的汇率，发行一定量的人民币。这被称为外汇占款。按照现在的汇率，央行吸收 1 美元，就要投放约 6 元人民币。中国的外汇储备越庞大，外汇占款就越庞大。银行有一种货币放大效应，与存款准备金率成反比。比如，现在我国存款准备金率是 20%（1/5），就会出现 5 倍的放大效应。假如外汇储备 2 万亿，央行就要投放 12 万亿人民币，再加上银行的 5 倍放大效应，就是 60 亿货币量。这是我国热钱的重要来源。

贸易顺差扩大，外汇储备增加，自然形成了人民币升值压力，同时，庞大的外汇占款又形成通货膨胀压力。2005 年 7 月 21 日，我国进一步进行汇率改革，开始实行以市场供求为基础、参考一篮子货币进行调节、有管理的浮动汇率制度。我国汇率不再单一盯住美元，并且允许一定的汇率浮动。按照常理，人民币升值，我国出口产品价格上升，贸易顺差会逐渐减小。但是，由于存在人民币升值预期，国际游资以不同的方式进入我国进行套利，炒作各种资产。这些游资在我国也会形成外汇占款，增加巨额人民币投放量，不可避免地出现通货膨胀。这就形成了人民币"对外升值，对内贬值"的怪现象。

还有一点，就是我国的外汇储备问题。外汇储备并不完全是贸易顺差余额，它也包括外商的直接投资、热钱等，中国央行要随时准备投资人根据规定以人民币兑换美元。因此，必须保证其安全。各个国家一般都是购买安全性较高的美国政府的债券。我国也是如此。而美国政府可以用这笔钱搞福利、刺激消费。实际上，这是美元循环回流到美国。中国是用实实在在的资源、产品换回美元，而通过投资美国国债（也就是借钱给美国，美国支付一点利息），这些美元几乎白白流回到美国。然后，再来购买中国人辛辛苦苦生产的产品。同时，一旦人民币升值，中国的外汇储备还会不断缩水。

这种看似荒谬现象的关键问题就是人民币不是国际货币，必须要兑换为国际储备货币美元，这样，不得不受制于美元。如果我国的人民币是国际货币，在对外贸易中以人民币计价，就不会出现前面所说的诸多问题。

日本学者吉川元忠写过一本《金融战败》的书。吉川元忠提出，纵观历史，英国和美国通过对外贷款投资，成为世界债主，获得巨大收益，其前提是这些债务是以本币计价。日本通过外向型经济获得巨大美元外汇储备，并投资美国国债、美元资产。但是，日元没有成为储备货币，日本的债权是以美元计价，不得不受制于美元。之后，日本地产泡沫破裂，经济陷入困境。而作为借钱的美国人，日子却过得红红火火。这是日本的惨痛教训。也是我们应该吸取。

天予弗取，反受其咎。

人民币国际化是与国家经济实力相联系的。我国已经有了这个实力。只有抓住历史机遇，推动人民币国际化，才能摆脱被动局面，才能解决国内的金融难题。

国际货币有以下几个主要特征：自由流动、能计价、能投资、可储备。按照历史经验，一般来说，货币要经历三个阶段：计价结算货币—储备货币—锚货币。其中，货币国际化的最重要的起点标志是能够计价国际大宗商品、特别是能源。

我国现在存在资产泡沫化，实行人民币完全自由兑换，资本大进大出，会带来经济安全问题。我国仍要稳健地推进人民币自由兑换。因此，现阶段我国人民币国际化的着力点是推动人民币跨国贸易结算，发展人民币离岸交易中心。

近年来，我国已经开始推动人民币跨境结算。人民币业务遍布全球主要国家，人民币区域化初具规模。到 2011 年末，开展跨境人民币业务的国家或地区已达 181 个。2014 年 2 月，据央行数据，当月跨境贸易人民币结算业务发生 4378 亿元，直接投资人民币结算业务发生 442 亿元。我国人民币跨境结算已经初具规模。由于我国人民币自由兑换仍要稳步推进，通过贸易流入境外的人民币就无法进入国内。随着境外人民币规模不断扩大，这就需要发展境外人民币离岸交易中心来处理人民币业务，就是非中国金融机构处理人民币业务。

随着我国国力提高，人民币信用增强，离岸人民币交易已经成为一些国家争夺“肥肉”。香港已经成为离岸人民币交易中心，约 50% 的人民币结算业务在那里完成。而新加坡也不甘落后，希望成为新的人民币离岸中心。世界金融中心伦敦对人民币交易业务也是“虎视眈眈”，希望成为欧洲的人民币离岸中心。在上海自贸区成立后，也在尝试在此设立某种形式的离岸人民币交易中心。这引起香港和新加坡的高度紧张。这也说明，人民币国际化有它的客观基础。

现阶段，我国可以根据不同情况，利用人民币离岸中心开展业务。对发达国家，我国处于贸易顺差，可以推进跨境贸易结算。对于亚洲和新兴经济体，我国有一定的贸易逆差，并具有较大的经济影响力，我国可以推动人民币投资和储备。

在国际上进行人民币结算、投资、储备，并不等于成为国际货币，只有在国际货币业务中获得主导权，人民币才能成为国际储备货币。我国人民币国际化任重道远，既要有信心，又要有耐心，稳健进行。

第九篇

跃向五大洋：
自贸区和构建开放型经济新体制

国际金融危机是全球资本主义经济体系内在结构不平衡的必然结果。这次危机必然带来全球经济结构的深层次调整。改革开放以来，我国已经发展为开放型经济体。在这种国际经济形势的大背景下，我国开放型经济体的原有优势正在消失，必然要面临着新挑战和新机遇，我国必须不断开拓创新，迎接挑战。上海自由贸易区成为我国改革开放的新试验平台，成为第十二届全国人大二次会议的热点话题。本章就自贸区在我国构建开放型经济新体制中的地位、作用和未来发展作一点解读。

一、国际经济形势：利好和新挑战

2014 年国际经济宏观形势向好。但是，从发展趋势看，国际经济结构正在发生深层调整，国际贸易规则正在深刻变化。

岁末年初，世界各大机构纷纷对全球经济进行盘点预测。总体的判断是，全球经济发展形势向好，筑底反弹，但仍有不确定因素。

据联合国 2013 年 12 月发布的《2013—2014 年世界经济形势分析与展望》报告分析，2013 年，发达经济体总体趋于好转。美国经济复苏势头较为稳固，截止到三季度经济已连续 10 个季度保持增长；欧元区经济触底回升，逐步走出衰退。日本刺激政策收到一定成效。

2014 年 1 月 14 日晚，世界银行发布了最新的《全球经济展望》报告，预测世界经济今年会逐步走强，2014 年全球 GDP 增长率将从 2013 年的 2.4%提高到 3.2%，而 2015 年和 2016 年的全球 GDP 增长率将分别达到 3.4%和 3.5%，呈现逐渐稳定增长的趋势。高收入国家的经济 5 年来头一次开始增长，这是一个重要信号。

美国的货币政策也印证了这一点。2014 年 2 月 11 日，新任美联储主席耶伦表示，根据美国经济数据，继续审慎退出量化宽松，并对美国经济和就业前景表示谨慎乐观。量化宽松是以非常规的方式向市场投放货币，刺激经济。美国逐步退出这一政策，也标志着发达经济体经济向好。

不过，即使最乐观的预测者，也一再强调，全球经济还有很大的不确定性。

出口、投资和消费是拉动我国经济增长的三大马车。在欧美经济低迷的情况下，我国加大投资拉动经济增长，但也产生了一定的负面效应。欧美发达经济体经济向好，消费增长，我国能够增加出口，借此优化出口、投资和消费之间的比例结构。

但是，我们还要看到，这次全球性金融危机、经济危机不是普通的经济波动，而是结构性危机。全球性经济危机本质上也是一种调节、平衡全球经济结构、全球产业链、价值链的过程。因此，我们必须由此出发思考构建中国的新型开放经济体所面临的问题。

全球经济不平衡，有一种简化的，但比较容易理解的说法，就是发达国家过渡消费，而新兴工业体过渡生产。1970 年以后，欧美等发达经济体生产过剩、资本过剩，发生经济危机。走出危机的主要办法之一就是全球化，跨国公司在全球配制产业链。其中一个重要步骤就是把制造业向发展中国家转移。至于转移到哪个国家，主要看劳动力价格和基础设施完善程度。这样，全球工业的制造业环节转移到新兴经济体，而发达国家控制科技开发、品牌开发、销售渠道，开始“去”工业化。美国则致力于金融服务业，“研发”出千奇百怪的金融衍生品，大搞虚拟经济，财富效应暴涨，消费能力巨大，进而拉动新兴经济体产品出口。

工业生产创造实实在在的财富。但是，虚拟经济是以钱生钱，并不创造财富，而是在时间的扩展中转移财富。比如，股票的价格是一种预期，一只股票因某种原因价格暴涨，是人们看好它的前景。投资者在股市、楼市以及各种金融产品中投资，能够套现巨大财富，一夜暴富。得到的也是真金白银，能迅速提高消费能力。但从一个经济体来说，却是预支未来的预期财富。一旦真实财富无法支撑这种预期，危机就发生了。美国金融危机引发点是“次贷”，也就是没有经济承担能力却又购买住房的人的贷款。欧洲主权债务危机导火线是政府赤字和债务，因此必须削减福利，降低消费。这些都不是偶然的，是过度消费的结果。

发达经济体的再平衡表现为两个方面，一方面是美欧减少个人和政府债务，不能再寅吃卯粮，借贷过渡消费。因此，即使美欧经济复苏，需求也不会像以前那样强劲。另一个就是美国再工业化，不是依靠借钱消费，而是要自己生产实实在在的财富。

这对我国的影响不言而喻。改革开放以来，我国以劳动力优势①参与国际分工，承接国际制造业产业转移，大力发展外向型经济。全球产业再平衡，发达国家的经济调整，无疑会对我国产生冲击。第一，对我国出口产生影响。第二，工业份额。美国再工业化，美国企业把一些制造业转移回国内，这自然会影响美国公司在中国的投资。第三，随着我国劳动力成本上升，一些跨国公司开始把制造业份额向越南等东南亚国家转移，这也会减少我国的制造业份额。

全球经济发展趋势还有一点极为引人关注，这就是全球贸易规则正在发生深刻变化。近年来，WTO 多次谈判无果，而全球经济危机又

①这是一种简单性说法，中国依靠完备的初级工业体系和基础设施，赢得国际产业转移。而劳动力优势也与我国卫生、教育的发展息息相关。

引发贸易保护主义。此时，美国想“悬置”WTO 框架，再琢磨出一套新的贸易规则，设置新门槛，重新获得国际经济贸易主导权。2014 年，美国苦心经营的跨太平洋战略经济伙伴协定（TPP）和跨大西洋贸易与投资伙伴关系（TTIP）即将成型。TPP 与 TTIP 自贸谈判重心不再是关税，而是境内宏观政策，如放松监管与竞争政策等。TPP 将该地区辛苦经营数十年的区域合作架构全面打乱，区域合作版图将重组。TTIP 则将跨大西洋的美欧重新黏合在一起，加之加拿大与日本的参与，这将是一个扩大版新的“七国集团”。无疑，这将冲击现有的国际贸易秩序。

我国必须迎接新挑战，必须开辟新优势！

二、上海自由贸易区：“经济特区 2.0”

上海自由贸易区是我国进一步改革开放的重点试验区。

在改革开放初期，我国面临一个难题，就是如何在计划经济体制下利用外资。我国为此建立特区，在特区中，实行相应的财税改革，与外资配套，利用国内丰富的劳动力资源，引进外资，发展加工贸易，进而发展外向型经济。特区的经验不断总结，推广，先是从经济特区扩展为沿海开放城市，然后进一步扩展为沿海开放经济带，最有代表性的就是珠三角和长三角。经济特区是我国改革开放的“试验田”。

今天，国际经济形势和国内经济形势有很多不确定性。在这种情况下，如何发挥市场的主导作用，进一步推动贸易、金融、投资开放？如何提升政府治理，如何建立风险防范机制？为此，中国政府在上海规划出 28.78 平方公里的区域，建立自由贸易区。这是进一步推进改革开放的重点“试验田”，是“经济特区 2.0”。

2014 年 3 月 5 日，习近平主席参加他所在的十二届全国人大二次会议上海代表团审议时，就加快推进自由贸易试验区建设强调指出，建设自由贸易试验区，是党中央为推进新形势下改革开放提出的一项重大举措。

李克强总理在 2014 年《政府工作报告》中提出，“扩大全方位主动开放。坚持积极有效利用外资，推动服务业扩大开放，打造内外资企业一视同仁、公平竞争的营商环境，使中国继续成为外商投资首选地。建设好、管理好中国上海自由贸易试验区，形成可复制可推广的体制机制，并开展若干新的试点。”

上海自贸区就是要在新形势下，探索与国际贸易投资规则、贸易通行规则相衔接的基本制度体系和监管模式，既要充分发挥市场在资源配置中的决定性作用，又要更好发挥政府作用。最重要的是，这些新制度要可复制、可推广。

那么，上海自由贸易区与以前的经济特区有什么区别呢?

我国在改革开放初期建立的经济特区，现在一般称为保税区。它有三大功能：保税仓储、出口加工、转口贸易。同时享有“免证、免税、保税”政策。我国最初的经济特区，就是在计划经济条件下，划出一块地理条件好的区域，实行特殊政策，减免税收，吸引外资，大力发展加工贸易。其重点是吸引投资。特点是“境内关内”，在中国国境之内，受到中国海关管辖。虽然有一定的优惠政策，但在贸易、金融、投资等方面，还要受到国家相关制度制约，手续繁复。

自由贸易区通常指两个以上的国家或地区，通过签订自由贸易协定，相互取消绝大部分货物的关税和非关税壁垒，取消绝大多数服务部门的市场准入限制，开放投资，从而促进商品、服务和资本、技术、人员等生产要素的自由流动。其重点是双边开放，特点是“境内关外”。就是在我国领土之内设立一小块特定区域，允许外国商品货物豁免关税，免除通关、清关的繁杂手续，在区域内自由流通，自由出境，不受国家关税管制。自由贸易区是双向的，既要有利于我国吸引外来投资，也要有利于我国企业走出去，进入对方市场。

上海自贸区要进行哪些探索?

上海自由贸易区要在四个方面进行探索：

(一) 探索完善自由贸易的途径。包括如何进一步扩大贸易开放度，与国际多元贸易接轨。其中的关键点是外汇政策和税收政策。自由贸易区自然要求自由汇率，这里要探索如何开放外汇政策，自由到何种程度。税收政策则要保证在国际上保持竞争力，保证上海自由贸易区的吸引力。

（二）金融开放。在上海自贸区，人民币资本项目下逐渐放开，将全方位为企业提供与海外资本与市场对接的窗口。企业法人将可以自由兑换人民币。外资银行可以在自贸区试点人民币业务（但不享受国民待遇）。这些举措的目标，就是要试水人民币汇率价格发行机制，实现汇率市场化，构建离岸金融中心，为人民币国际化探路。

（三）投资开放。对于外资在我国的投资，实行“准入前国民待遇和负面清单”管理模式。在传统贸易投资管理中，外国投资企业在投资建立之后，才能享受国民待遇，也就是和我国企业一样的待遇。“准入前国民待遇”就是还没进入自贸区，没有立项时，就已经享受国民待遇。“负面清单”管理，一方面国家部门提供一个“负面清单”，限制外资投资，另一方面，这个清单以外都可以投资。这是进一步减少政府相关手续，优化外资流入流程的重要举措。现在全世界已经有七十多个国家使用这种管理模式。

（四）建立风险防范机制。资本自由流动，对于发展中国家来说，会出现热钱泛滥，资本大进大出，引发金融风险。在上海自由贸易区进行金融开放、投资开放，构建离岸人民币金融中心，也是要进行金融风险压力测试。那么，上海自贸区是否会成为国际游资进入中国的跳板呢？这种担心是有道理的。因此，上海自贸区还要探索建立“防火墙”，保证我国的经济安全。

三、内陆沿边开放：从开放经济高地到自由贸易区

我国面临的问题是内需不足，外需依赖，产能过剩。我国要推进产业升级，但又面临着严峻的资源、生态约束。我国要在内需和外需之间进行平衡，同时，进一步拓展国际商品市场和资源、能源市场，为产业升级提供必要的空间和条件。

内陆沿边利用不同优势条件，加大开放，发展生产、贸易，平衡东西部经济水平，提高人民生活水平，对平衡东西部经济结构，促进内需发展，有着重大意义。

在《中共中央关于全面深化改革若干重大问题的决定》中，已经将扩大内陆沿边开放提上日程，指出要支持内陆城市增开国际客货运航线，发展多式联运，形成横贯东中西、联结南北方对外经济走廊；加快沿边开放步伐，允许沿边重点口岸、边境城市、经济合作区在人员往来、加工物流、旅游等方面实行特殊方式和政策。

我国内陆沿边开放已经有了一定的客观条件。我国沿海开放得益于地理区位，交通便利优势。随着沿海地区的发展，劳动力成本不断升高。总体来说，从我国沿海到内陆再到西部，劳动力价格呈现阶梯状分布。这样，沿海地区的一些制造业出现了向内陆转移的趋势，而沿海地区开始向技术研发、产品开发、服务业升级。另外，我国内陆沿边地区基础设施发展迅速，公路、铁路形成网络。

近年来，内陆沿边地区各大城市纷纷建设内陆“开放经济高地”，并对自由贸易区表现出浓厚的兴趣。

内陆沿边开放，要推动从沿海到内陆的梯度产业转移体系，创新加工贸易模式，形成有利于推动内陆产业集群发展的体制机制。以远在西南的重庆为例。在2012年，重庆已经有了“寸滩”、“永西”两大保税区和国家级“两江新区”，两区实现进出口贸易额达301亿元，约占重庆出口贸易额的3/5。重庆进出口贸易在2012年增长82%。

沿海开放主要是地理和区位优势，内陆沿边则要突出自身的独特优势，如地理、文化和资源等。2012年10月20日，宁夏回族自治区作为中国首个内陆开放型经济试验区正式投入建设。与此在建的还有银川综合保税区。宁夏内陆开放型经济试验区是中国内陆地区首个覆盖整个省级区域的试验区。宁夏内陆开放型经济试验区的四大战略定位包括：中国向西开放的前沿阵地、国家重要的能源化工基地、重要的清真食品和穆斯林用品产业集聚区和承接产业转移的示范区。为实现这一目标，国家将赋予试验区相关特殊政策，并允许在某些领域先行先试。

宁夏回族自治区充分发挥自身发挥优势。除工业和资源外，民族文化最为明显。近年来，中国与阿拉伯伊斯兰教国家经贸迅速发展，2010年为1454亿美元，2011年为1959亿美元，2012年为2224亿美元。宁夏回族人口占全区总人口的1/3。因此，与阿拉伯国家发展经贸合作，尤其是食品和日用品，具有天然优势。

现在，重庆正在申请内陆首个自由贸易区，成为媒体和财经人士关注的焦点。而早在2011年7月，宁夏回族自治区已向中央政府申请设立中阿自由贸易区，着力建设内陆开放试验区，全面提升开放竞争力，先行先试保税物流、旅游免签、购物离境退税等新政策。新疆、广西、内蒙古、黑龙江等沿边省份也表现出申请边境自贸区的意向，希望以推动与邻近国家或地区的经贸作为设立自贸区的重点。

如果大胆设想，就可以发现，围绕西部大城市推动自由贸易区，可以向中亚辐射，与中亚各国形成一个多边自由贸易区。新丝绸之路经济就是发展远景。

四、破除壁垒：全球区域一体化竞争视野下的自由贸易区

自由贸易区建设不仅仅是简单地发展经济贸易，还是我国发展高水平开放经济体，争夺国际贸易话语权的重大战略举措。

我国虽然加入WTO，但是，近年来，出现了各种形式的保护主义，WTO运行不畅。为此，许多国家开始依靠互惠性的贸易联盟和经济合作来解决纠纷，这就形成了新的区域合作。自由贸易区通过区域贸易、金融、信息技术、知识产权一体化，成为区域合作的重要方式，受到各国重视。截至2010年，WTO通报的贸易区域协定180个。近10年签订的自由贸易协定超过历史总合。

随着我国生产力发展，我国需要广阔的国际商品市场和原料、能源市场。我国不仅要能够吸引外资，“引进来”，我们自己企业也要能够“走出去”。但是，我国企业“走出去”却面临着瓶颈。

西方著名的跨国公司在历史中形成了它们的技术、资本垄断优势。上个世纪70年代，跨国公司实行全球一体化战略，形成自己的全球生产网络和市场流通网络，并有能力在全球整合资源。我国的国营企业大都在计划经济时代通过赶超战略由国家发展起来的。实际上是在国家的保护下发展起来的。改革开放以来，我国推动企业承接制造业份额，大力发展“三来一补”，利用外资的技术、管理、品牌来发展壮大自己。这被称为“借鸡生蛋”。一些中小型民营制造业由此发展壮大。但是，我国的企业有一个共同的缺陷，就是缺少全球的生产和市场流通渠道。很多时候是通过承接跨国公司的外包业务，被局限在中低端制造环节。因此，产品往往依赖跨国公司的市场流通渠道。中国企业的生产能力和国际流通能力严重不匹配，制约了我国企业“走出去”的步伐。

同时，还要看到，在今天的全球经济一体化背景下，并不仅仅是简单的单个企业之间在竞争，也不仅仅是单个的国家之间在竞争，而是由大国主导的多国贸易集团之间的竞争。

这些贸易集团是区域一体化的结果，一般来说，其发展阶段依次表现为优惠贸易政策、自由贸易区、关税同盟、共同市场和货币一体化。它们往往具有排他性。比如，由美国、加拿大和墨西哥组成的北美自由贸易区制订“原产地原则”，规定只有自由贸易区成员国的“原产地产品”才享受成员国之间给予的自由贸易待遇。一般来说，制成品在成员国境内生产的价值额要占到产品价值总额的50%以上，才能被视为原产地产品。而欧盟的主要目标也是加强一体化，消除内部国家间关税壁垒，促进资本、劳动力自由流动，同时，成员国制定统一商业政策对待非成员国。

近年来，世界大国都致力于一体化的自由贸易集团参与全球竞争。美国经营跨大西洋贸易与投资伙伴关系（TTIP）和跨太平洋战略经济伙伴协定（TPP），希望主导两大洋自由贸易圈。其间，2011年，美国还提出“新丝绸之路”计划，旨在推动以阿富汗为核心的、连接南亚与中亚的经济一体化和跨地区贸易。这是英美战略家一直盯住不放的欧亚大陆中心地带。欧盟是个高度一体化的经济体，它也是一个参与全球竞争的贸易集团。大家都清楚，欧盟的核心是德国和法国。欧盟成立后，不断扩大自己的影响力。它一直积极推动自由贸易区，它几乎与其所有邻国签有双边互惠贸易协定。如果将其视为一体，至少有欧洲、中东和北非 35 个国家可以组成一个泛欧—地中海自由贸易区。欧盟在其中有着决定性的影响。欧盟还与非洲、南美等一些国家签订双边自由贸易协定。俄罗斯也不甘置身事外。利用前苏联留下的千丝万缕的经济联系，正在联合白俄罗斯、哈萨克斯坦，致力于欧亚经济联盟。

对于这种一体化的自由贸易集团之间的竞争，无论是出于这个贸易集团之外的单个企业，还是单个的国家，都处于非常不利的地位。

随着生产力的发展，工业水平的提升，我国企业做大做强，必然要面向全球市场。中国企业“走出去”是我国改革开放的重要目标之一，也是我国成为发展高水平开放经济体的重要标志。因此，中国必须参与、推动区域经济一体化，为我国企业“走出去”搭建平台。而就我国现在的经济影响力来说，自由贸易区这种区域一体化形式只牵涉到经贸，互利共赢，其他国家乐于接受，相对易于实施。

五、“走出去”：两翼并举、多层次、广覆盖的自由贸易网络

李克强总理在 2014 年《政府工作报告》中提出，“在走出去中提升竞争力……抓紧规划建设丝绸之路经济带、21 世纪海上丝绸之路，推进孟中印缅、中巴经济走廊建设，推出一批重大支撑项目，加快基础设施互联互通，拓展国际经济基础合作新空间。”

在这里，《政府工作报告》描绘出一个视野宏大的两翼并举、多层次、广覆盖自由贸易网络。

我国在 2002 年就开始推进自由贸易区建设。2002 年 11 月，在第六次中国—东盟领导人会议上，我国与东盟十国领导人签署《中国—东盟全面经济合作框架协议》。2004 年 11 月，我国与东盟签署《货物贸易协议》，并于2005年7月开始实施，对7000多个税目的产品逐步降低和取消关税。到2010年，我国和东盟6个老成员将相互取消绝大多数产品的关税，东盟4个新成员将在2015年基本取消关税。降税以来，我国与东盟贸易进出两旺，经贸合作发展迅速。2007年，双方已互为第4大贸易伙伴，贸易总额首次突破2000亿美元。

2007年10月，党的十七大报告第一次明确提出要"实施自由贸易区战略"。

目前，我国在建的自由贸易区有18个，涉及31个国家和地区。其中，已经签署协议的12个，涉及20个国家和地区，包括港、澳、台、东盟国家、巴基斯坦、智利、新西兰、新加坡、秘鲁、哥斯达黎加、冰岛、瑞士。正在谈判的自由贸易协议6个，涉及22个国家，包括海湾国家、挪威、韩国、日本等。正在研究的有中国—印度自贸区、中国—哥伦比亚自贸区。这些国家涉及亚洲、欧洲、大洋洲、南美洲，既有制造业发达的国家，又有资源型国家。这是一个有着广阔发展前景的多层次、广覆盖的自由贸易网络。

党的十八大以来，自由贸易区被提升到新高度，成为我国改革开放的新平台。

2013年9月7日，国家主席习近平在哈萨克斯坦纳扎尔巴耶夫大学发表题为《弘扬人民友谊，共创美好未来》的重要演讲。习近平提出，中国和中亚各国可以用创新的合作模式，加强政策沟通、道路联通、贸易畅通、货币流通、民心相通，共同建设"丝绸之路经济带"，以点带面，从线到片，逐步形成区域大合作。

2013年10月3日，国家主席习近平在印度尼西亚发表讲演，提出，中国愿提高中国—东盟自由贸易区水平，争取使2020年双方贸易额达到1万亿美元。中国致力于加强同东盟国家的互联互通建设，中国倡议筹建亚洲基础设施投资银行，愿支持本地区发展中国家包括东盟国家开展基础设施互联互通建设。中国愿同东盟国家加强海上合作，使用好中国政府设立的中国—东盟海上合作基金，发展好海洋合作伙伴关系，共同建设 21 世纪“海上丝绸之路”。

与其他大国划定各种社会制度、政治制度标准不同，我国在进行自由贸易谈判，推动经济一体化合作时，更强调多元共存，尊重彼此自主选择社会制度和发展道路的权利，尊重各自推动经济社会发展、改善人民生活的探索和实践。

2013 年年底，据发改委相关人士透露，相关部门正在与西部沿边各省展开调研，为新丝绸之路做前期准备。分析人士勾勒出一个新丝绸之路路线图：推进丝绸之路建设的关键是利用新疆向西开放的地缘优势，依托新丝绸之路和第二亚欧大陆桥，建设连接俄罗斯、中亚及伊朗等国家和地区的能源、资源陆上国际大通道和国际能源资源产业合作基地，打造第二亚欧大陆桥国际经济走廊及国际能源大通道。

这条新丝绸之路的大动脉是欧亚大陆桥、输油管道和出境高速公路南北中三条线。南线依托南疆铁路和 314 国道干线，推进库尔勒—阿克苏南疆产业带和喀什等城市及口岸经济发展，推动向西亚和南亚延伸的第二亚欧大陆桥南线国际经济走廊及国际能源大通道建设。中线依托西陇海兰新干线，加快伊宁等沿边城市外向型经济发展，推进哈萨克斯坦向欧洲延伸的第二亚欧大陆桥中线国际经济走廊建设及国际能源大通道建设。

东西两大经济合作带、孟中印缅、中巴经济走廊，再加上一些双边自由贸易协定，我国推动的以自由贸易区为形式的区域经济合作一体化，无论在制度创新的深度，全球战略视野的广度，前所未有。

鹏飞翼举，我国的开放型经济体一定能够跃上新高度！

第十篇

让公平正义之光普照民众：社会事业发展

李克强总理在2014年《政府工作报告》中系统阐述了社会事业发展的意义、基本要求和主要内容，他指出："繁荣发展社会事业是促进社会公正、增进人民福祉的有效途径。要深化社会体制改革，以更大的投入和更有力的举措，推动经济社会协调发展。"他明确提出，要促进教育事业优先发展、公平发展。继续加大教育资源向中西部和农村倾斜，促进义务教育均衡发展。推动医改向纵深发展，巩固全民基本医保，加强城乡医疗救助、疾病应急救助，巩固完善基本药物制度和基层医疗卫生机构运行新机制。实施就业优先战略和更加积极的就业政策，优化就业创业环境，以创新引领创业，以创业带动就业。推进社会救助制度改革，建立统一的城乡居民基本养老保险制度，完善与职工养老保险的衔接办法，改革机关事业单位养老保险制度，鼓励发展企业年金、职业年金和商业保险。完善失业保险和工伤保险制度。落实社会救助和保障标准与物价水平挂钩联动机制。这无疑为新时期社会事业发展指明了方向。

一、教育改革：不让一个孩子掉队

2013年，笔者的一位朋友为了让女儿接受更好的教育，以免孩子输在"起跑线"上，选择让女儿上单位的共建小学。为了能让女儿免去每天路上的奔波，举家也从通州搬到了地处二环附件的崇文门，他向我抱怨，他原来的住房尽管不大，但也是90平的两居室，有单独的客厅和餐厅，而现在的房子是50多平的小两居，厅实际上只是一个过道。通州的房子是新房，面积大，装修好，租出去每个月3000多元，现在的房子每个月房租5000多元，一个月的工资也搭进去了1/3多。

同事的抱怨，还只是住房的舒适和教育的额外支出问题，在北京和全国，有多少家庭面临此类问题的困扰！他们或者根本没有接受优质教育的机会，或者为了接受优质教育而在路上长途奔波，给城市添堵，或者付出更多成本，在学校附近租房陪读。这一事实，让我们真正认识到义务教育均等化的重要性和意义。

李克强总理在2014年《政府工作报告》中指出，促进教育事业优先发展、公平发展。继续加大教育资源向中西部和农村倾斜，促进义务教育均衡发展。全面改善贫困地区义务教育薄弱学校办学条件。加强农村特别是边远贫困地区教师队伍建设，扩大优质教育资源覆盖面，改善贫困地区农村儿童营养状况。发展学前教育，实施特殊教育提升计划。继续增加中央财政教育投入，提高使用效率并强化监督。深化教育综合改革，积极稳妥改革考试招生制度，扩大省级政府教育统筹权和高校办学自主权，鼓励发展民办学校。加快构建以就业为导向的现代职业教育体系。我们要为下一代提供良好的教育，努力使每一个孩子有公平的发展机会。

促进教育公平，在保障义务教育公平，均衡配置教育资源的同时，还要积极推进考试招生制度改革，确保高考公平。

推进义务教育免试就近入学，保障义务教育权利公平。

从2006年我国新修订的《义务教育法》颁布实施起，根据法律规定的“免试就近入学”原则，各地应按户籍和居住地将学生分别划归对应学区，学区内小学生都可参与教育部门组织的片区所属公立中学学位的电脑派位（也称大派位），根据学生所填志愿随机分配录取名额，这也是多地政府认可的主流招录模式。

以北京市为例，自 2006 年以来连续多年逐渐调整完善，已基本建立起以免试、就近入学为核心，以区县政府负责为主的义务教育阶段入学政策。2006 年，北京的“小升初”采取多种入学方式，其中，东城和西城全区范围内、朝阳和丰台的两个学区片和海淀的山前区域实行“电脑派位”的方式。2009 年，北京市小学入学和初中入学的基本入学方式为免试和就近入学。取消义务教育阶段各种重点班、实验班。各区县科学划定区域内学校对应的服务片，学校首先接收本片内学生。2013 年，初中仍按区县教委确定的划片入学、电脑派位、小学与初中对口直升等方式接收学生。

建立教师交流长效机制，促进教育资源均衡配置。教育资源配置不均衡，除了学校教学设施等资源配置不公平外，关键还是师资配置不均衡。择校，很大程度是“择师”。就师资而言，由于收入水平、工作环境差距明显，城市对农村，强校对弱校，都会具有“吸盘效应”。许多在农村或薄弱学校表现突出的老师，往往会被“挖”到城里或流入强校，造成“强校愈强，弱校愈弱”。现实中，受工作环境和生活条件等限制，加之相关激励政策尚未健全完善，导致边远学校难以吸引教师去任教。另外，个别学校校长出于对本校教育教学质量下滑的担忧，不愿选派优秀教师外出交流。因此，长远来看，在义务教育均衡发展的过程中，要以中、西部地区和农村地区为重点，加快基础设施建设，建立健全中小学校长、教师资源均衡配置的长效机制，为教师转任交流创造更为有利的条件。

推进考试招生制度改革，确保高考公平。

高考的指挥棒不动，要想推进素质教育、减轻学生课业负担，只能是事倍功半。西方国家素质教育好，是因为有推行素质教育的总体环境，其考试招生制度、教育发达程度与中国不一样。

教育部部长袁贵仁“两会”期间透露，高考改革将减少全国统一高考科目；将不分文科生、理科生，全部考生考的内容一样；英语仍然是高考统一科目，但考试方式会发生变化；高考录取在以统一考试科目成绩为基础的同时，还要依据学生3年学业水平成绩，参考综合素质的表现。这一表面上的结构调整事实上对于现行高考制度有着深层次影响，即一考定终身的松动。2013年底，北京市教委对外公布的高考改革方案征求意见稿中提到，高考英语科目分值将下调50分，向“一年两考”过渡。无独有偶，江苏也已基本确定英语考试将实行一年两考，不再计入总分，而是以等级形式计入高考成绩。

考试招生制度改革的另一个方面就是高校自主招生，即在国家统一高考基础上，通过参加招生院校组织的考试和面试，学生可获得一定加分的招生行为，其目的是为了促进素质教育实施。不过近年来，自主招生也暴露出腐败和重点高校特别是名牌大学里的农村生源越来越少等问题。为此，2014年《政府工作报告》中提到，继续加大教育资源向中西部和农村倾斜，促进义务教育均衡发展。贫困地区农村学生上重点高校人数要再增长10%以上，使更多农家子弟有升学机会。需要注意的是，我们在学习国外大学自主招生制度之时，需要学习并建立学校依法自主招生、专业机构组织实施、政府宏观管理、社会参与监督的运行机制，而不能只学形式，或者只学一半，在相关的监督、公开机制没有建立的情况下，自主招生很容易褪变成少数人权力寻租的资源，反而有损教育公平。

二、医疗卫生改革：病有所医、病有所防

一方面，普通群众抱怨看病贵、看病难，同时，医患关系紧张，医患纠纷时有发生。医疗问题，有解吗？《把“锯腿自救”“刻章救妻”锁入历史》，这是新华网2014年2月10日的一则有关国务院医改办下发《关于加快推进城乡居民大病保险工作的通知》的新闻报道，文件明确要求尚未开展试点的省份，要在2014年6月底前启动试点工作。报道指出，无法承受巨额费用而“锯腿自救”“刻章救妻”的极端事件，有望自此从现实中消失，被锁入历史。

(一) 新医改启动以来，让我们看到了病有所医、病有所防的希望

李克强总理在2014年《政府工作报告》中指出："推动医改向纵深发展。巩固全民基本医保，通过改革整合城乡居民基本医疗保险制度。完善政府、单位和个人合理分担的基本医疗保险筹资机制。加强城乡医疗救助、疾病应急救助。扩大城市公立医院综合改革试点。破除以药补医，理顺医药价格，创新社会资本办医机制。巩固完善基本药物制度和基层医疗卫生机构运行新机制。健全分级诊疗体系，加强全科医生培养，推进医师多点执业，让群众能够就近享受优质医疗服务。提高重大传染病、慢性病和职业病、地方病防治能力，坚定不移推进医改，用中国式办法解决好这个世界性难题。"

化解医疗难题，建立城乡一体化的居民基本医疗保险制度是基础，巩固完善基本药物制度，推进公立医院综合改革，则有利于进一步缓解看病难、看病贵，化解医患矛盾。

(二) 建立城乡一体化的居民基本医疗保险制度

目前，我国已建立包括职工基本医保、城镇居民基本医保和新型农村合作医疗的基本医疗保险制度体系。2013年，我国城镇职工基本医疗保险、城镇居民基本医疗保险、新农合参保人数分别为2.65亿、2.71亿、8.05亿，超过13亿人。即便考虑重复参保的因素，医保覆盖人群也十分庞大。无论从制度覆盖，还是从人口覆盖上说，"全民医保"都已基本实现。但同时，现有的基本医疗保险制度体系三项制度是分城乡、分人群、分职业建立起来的，存在制度分割，导致了诸多问题。从管理体制和职责分工看，城镇基本医疗保险由人社部门管理，新农合由卫生部门管理，城乡社会医疗救助由民政部门管理。城乡居民医疗保险的不同分属导致医疗保险待遇不均，各项医保制度无法实现有效衔接，不利于人员的自由流动和居民就医选择权利的实现。同时，也存在一些不公平之处，如：参保机会不公平，富裕起来的农民想参加较高水平的城镇居民医保，但因有制度壁垒挡道，愿望难以实现；待遇享受不公平，是人民群众对现行医保制度最直观的感

受，同一地区、同一医院、同一种疾病、同样的治疗，医院的收费不同，病人享受的待遇也不同。

对于整合城乡居民基本医疗保险制度，国务院早在 2013 年 3 月下发的《国务院机构改革和职能转变方案》中就有所明确。该方案提出，要减少部门职责交叉和分散，最大限度地整合分散在国务院不同部门相同或相似的职责，要将城镇职工医保、城镇居民医保、新农合的职责整合为由一个部门承担。2013 年 11 月十八届三中全会《决定》中再次提出要整合城乡居民基本医疗保险制度。将分属不同部门管理的三项基本医疗保险和城乡居民社会医疗救助制度进行整合，交由一个部门统一管理，可以较好解决个人重复参保、财政重复补助的问题，有利于城乡居民根据实际需要选择参加不同档次的社会医疗保险，将目前的“三险一助”模式发展成基本医疗保险“一站式”服务的保障模式，真正体现制度公平性。另一方面制度统一管理后，有利于对医疗保险制度统筹规划、科学设计，城乡居民医保基金的统筹调剂，实现医疗保险制度的稳健运行和可持续发展。统一管理后，将大大降低协调成本和制度运行成本，提高行政效率，为城乡居民提供更加方便快捷的医疗保险服务。

（三）巩固完善基本药物制度

建立基本药物制度，有利于减轻群众用药负担，保障群众基本用药权益，转变“以药补医”机制，推动卫生事业健康发展。“基本药物”指的是能够满足基本医疗卫生需求，既对症，又便宜，既能保证供应，基层又能够配备，国民能够公平获得的药品。它是由国家专业机构对所有上市的药品进行适当的遴选，编制出基本药物目录而成。

基本药物制度除了制定目录，还包括基本药物的生产、供应、使用、定价、报销等政策。基本药物全部纳入政府定价范围，全部纳入基本医疗保障药品报销目录，报销比例明显高于非基本药物。

我国于2009年正式启动建立基本药物制度。根据改革规划，2009年，每个省（区、市）在30%的政府办城市社区卫生服务机构和30%的县（基层医疗卫生机构）实施基本药物制度；到2011年，初步建立国家基本药物制度；到2020年，全面实施规范的、覆盖城乡的国家基本药物制度。

（四）扩大公立医院综合改革试点

2009年，我国启动新医改，公立医院改革，成为新医改的重要突破口。2012年，国务院办公厅印发《关于县级公立医院综合改革试点意见》的通知，进一步推进县级基层医疗卫生机构改革。《意见》提出，2012年选择300个左右的县推进县级医院综合改革，力争2013年上半年总结评估，形成基本路子，为2015年实现县级医院阶段性改革目标打好基础。改革的重点是改革“以药补医”机制，鼓励探索医药分开的多种形式；取消药品加成政策，将试点县级医院补偿由服务收费、药品加成收入和政府补助三个渠道改为服务收费和政府补助两个渠道。

2012年，北京市先后在友谊、天坛、同仁、积水潭等几家医院实施“医药分开”改革，一是取消“药品加成”，二是同时设置医师服务费，实行分级定价。为了严惩“大药方行为”、规范合理用药，试点医院成立专家组，每日随机选取1/3的处方单进行抽查。发现违规，视情节加倍罚款，扣罚医师奖金，再严重者收回该医师一年的处方权。

破除“以药补医”机制是医院坚持公益性质的关键环节，也是我国在“十二五”医改规划中公立医院改革攻关方向。推动医改向纵深发展，这是2014年全国“两会”上医疗卫生领域最受瞩目的字眼。集中更多优质资源、改革难度更大的城市公立医院，依然是医改的最大“突破口”。国家卫生计生委主任李斌日前在“两会”期间表示，今年将拓展到至少每个省都有一个城市开展公立医院综合改革。

图表 10　新医改大事记

时间	改革政策文件
2009 年 4 月	《中共中央国务院关于深化医药卫生体制改革的意见》公布。7 日，《医药卫生体制改革近期重点实施方案（2009—2011 年）》公布。两个文件的出台，标志着医药卫生体制改革进入全面实施阶段。
2009 年 8 月	《国家基本药物目录（基层医疗卫生机构配备使用部分）》（2009 版）发布，遴选确定了 307 种基本药物。
2010 年 2 月	卫生部、中央编办、国家发改委、财政部、人社部联合发布《关于公立医院改革试点的指导意见》，确定 16 个公立医院改革试点城市。
2010 年 12 月	《国务院办公厅关于建立健全基层医疗卫生机构补偿机制的意见》公布，明确基层医疗卫生机构实行基本药物制度后的补偿渠道。
2012 年 3 月	国务院出台《"十二五"期间深化医药卫生体制改革规划暨实施方案》，全面部署 2012—2015 年期间深化医药卫生体制改革，医改进入新的实施阶段。

三、养老保险并轨：老有所养

尊老爱老是中华民族的优良传统。老有所养，为老年人提供基本的生活保障，使他们身心健康，幸福愉快地安度晚年，是现代文明社会的基本要求，也是人民群众的热切期盼。

按照联合国的标准，一个地区 60 岁以上老人达到总人口的 10%（传统标准），或是 65 岁老人占总人口的 7%（新标准），即为老龄化社会。我国于 1999 年已进行老龄化社会。与西方发达国家相比，我国是一个未富先老的国家，老龄化社会呈现六大特点：一是老年人口基数大，2010 年底，我国 60 岁以上的老年人已达 1.78 亿，占总人口的 13.26%；二是老年人口增长快，近几年我国老年人以每年 860 万的速度持续增长，2025 年，老年人口将超过 3 亿，2051 年要达到 4.6 亿左右；三是困难老人数量多，2010 年，城乡空巢家庭接近 50%，失能半失能老年人 3300 多万；四是老龄化快于工业化；五是老龄化与家庭小型化相伴随，上世纪 70 年代开始的计划生育，形成了现在的"4+2+1"家庭：4 个父母长辈、1 个孩子，要靠夫妇 2 人支撑，越来越多的家庭将面临经济上、时间上等诸多的养老问题；六是老年抚养比快速攀升（老年抚养比，即百名劳动年龄人口负担老年人的比例），2010年为19%，约为1∶5，预计2020年约为1∶3。

为了应对老年人口的快速增长，确保老年人老有所养，我国城乡居民基本养老保险从制度建设到制度覆盖，走上快速发展道路。在机关事业单位退休养老制度、城镇企业职工基本养老保险制度的基础上，我国先后建立新型农村社会养老保险（以下简称新农保）和城镇居民社会养老保险制度，分别覆盖机关事业单位工作人员、城镇企业职工、农村居民和城镇居民。

新农保于2009年开始试点，采取个人缴费、集体补助、政府补贴相结合，实行社会统筹与个人账户相结合。建立之初，参加新农保的农村居民缴费标准设为每年100元、200元、300元、400元、500元5个档次。政府对符合领取条件的参保人全额支付新农保基础养老金，其中中央财政对中西部地区按中央确定的基础养老金标准给予全额补助，对东部地区给予50%的补助。地方政府对参保人缴费给予补贴，补贴标准不低于每人每年30元。养老金待遇由基础养老金和个人账户养老金组成，支付终身。中央确定的基础养老金标准为每人每月55元。个人账户养老金的月计发标准为个人账户全部储存额除以139，与现行城镇职工基本养老保险个人账户养老金计发系数相同。

在2009年开展新农保试点后，城镇居民社会养老保险从2011年开始试点，建立个人缴费、政府补贴相结合的城镇居民养老保险制度。其养老金待遇和发放办法等基本政策与新农保类似。覆盖人群是城镇非从业居民。城镇居民养老保险制度的建立，填补了我国养老保险制度全覆盖的最后一项空白。

与基本医疗保险类似，我国基本养老保险也存在参保人员的身份限制和待遇差距，存在制度的碎片化等问题。李克强总理在2014年《政府工作报告》中指出："建立统一的城乡居民基本养老保险制度，完善与职工养老保险的衔接办法，改革机关事业单位养老保险制度，鼓励发展企业年金、职业年金和商业保险。”

基本养老保险并轨，也可称为基本养老保险制度一体化，包括建立统一的城乡居民基本养老保险制度，改革机关事业单位养老保险制度等内容。由于城乡居民基本养老保险在制度上基本相同，实现并轨基本没有难度。

基本养老保险制度一体化。实际上，自 2005 年开始，我国就开始推进基本养老保险制度的一体化。首先，于 2006 年统一了城镇所有企业职工基本养老保险缴费政策、基本养老金计发办法。将企业职工基本养老保险个人账户的规模统一由本人缴费工资的 11%调整为 8%，全部由个人缴费形成，单位缴费不再划入个人账户。城镇个体工商户和灵活就业人员参加基本养老保险的缴费基数为当地上年度在岗职工平均工资，缴费比例为 20%，其中 8%记入个人账户，退休后按企业职工基本养老金计发办法计发基本养老金。其次，逐步统一城乡居民社会养老保险制度。2013 年上半年，山东省将城镇居民基本养老保险和新农保合并实施，实行城乡统筹一体化的居民社会养老保险制度，参保农村居民和城镇居民的养老保险待遇实现同步发放、同步增长。再次，统一基本养老保险管理机构。2007 年，劳动和社会保障部、民政部等印发文件，将新农保划归社会保障部门统一管理。

推进事业单位改革，明确养老保险制度整合的方向。2008 年，国务院常务会议讨论并原则通过了《事业单位工作人员养老保险制度改革试点方案》，确定在山西、上海、浙江、广东、重庆 5 省市先期开展试点，与事业单位分类改革配套推进。2012 年制定的《社会保障“十二五”规划纲要》，提出在试点的基础上积极稳妥地推动机关事业单位养老保险制度改革，明确将事业单位养老保险制度改革、研究制定公务员和参照公务员法管理单位的工作人员养老保险办法作为“十二五”时期社会保障制度建设专项行动之一。人力资源和社会保障部提出，在推进事业单位分类改革的基础上，同步推进机关事业单位社会保险制度改革，实现企业与机关事业单位各项社会保险制度的有效衔接，实现新老制度的平稳过渡，是下一步改革和完善企业和机关事业单位社会保险制度的方向。

事实上，机关事业单位人员与企业人员在养老等社会保障方面的待遇“双轨制”近年来一直饱受争议，社会上有关养老金并轨的呼声不断。值得注意的是，人社部部长尹蔚民在2013年12月26日召开的全国人力资源和社会保障工作会议上曾表示，2014年在社会保障方面将推进机关事业单位养老保险制度改革，着力解决“双轨制”、“待遇差”问题。2014年3月5日下午，全国政协委员、人力资源和社会保障部副部长胡晓义表示，“今年的《政府工作报告》里有一句话是‘改革机关事业单位养老保险制度’，它是列在2014年重点工作里面，所以我体会是给出时间表了。”

四、保障就业：壮有所用

李克强总理在2014年《政府工作报告》中指出：“就业是民生之本。坚持实施就业优先战略和更加积极的就业政策，优化就业创业环境，以创新引领创业，以创业带动就业。今年高校毕业生将达727万人，要开发更多就业岗位，实施不间断的就业创业服务，提高大学生就业创业比例。加大对城镇就业困难人员帮扶力度，确保‘零就业’家庭至少有一人就业，做好淘汰落后产能职工安置和再就业工作。统筹农村转移劳动力、退役军人等就业工作。努力实现更加充分、更高质量就业，使劳动者生活更加体面、更有尊严。”

随着大学毕业生数量的持续增长和城镇化推进带来的农村转移就业人口的增长，我国的就业压力也越来越大。如何实现保就业和经济发展调结构、转方式的平衡，是影响经济增长速度的重要因素。李克强总理在2014年“两会”记者会上指出：我们之所以把经济增长率定在7.5%左右，考虑的还是保就业、惠民生，增加城乡居民收入。我们更注重的是数字背后的民生、增长背后的就业。我们不片面追求GDP，但是我们还是需要贴近老百姓的GDP，提高质量效益、节能环保的 GDP。在谈到社会保障时，李克强总理指出："我们保基本、兜底线，还是要为了解除人民群众就业、创业的后顾之忧，还是要采取措施，尤其在一些领域要有更有效的办法，让就业、求职机会公平，让创业有公平竞争的环境。"

（一）健全体制机制，促进就业公平

以体制机制来促进就业公平，一是要健全公平就业的法律体系和监督机制，进一步完善反对就业歧视的法规政策，加大违法行为的惩处力度，营造公平公正的市场环境。二是规范招人用人制度。在公务员考录方面，要继续坚持实行"凡进必考"、公平竞争的机制；在事业单位招聘方面，要完善和落实事业单位公开招聘人员规定，严厉惩处违规违纪行为；在国有企业招聘人员方面，要全面推行分级分类的公开招聘，切实做到信息公开、过程公开、结果公开。三是创新劳动关系协调机制。全面推行劳动合同制度。以工资集体协商为重点，积极扩大集体协商和集体合同覆盖面，推动建立职工工资正常增长机制和劳动条件改善机制。四是进一步健全面向全体劳动者的职业培训制度，完善就业技能培训、岗位技能提升培训和创业培训工作机制，完善相关政策和措施，创新技能人才培养模式，搭建技能人才职业发展通道，构建适合劳动者职业生涯发展不同阶段需求的终身职业培训体系。

（二）促进高校毕业生就业

实施高校扩招计划以来，每年进入就业市场的高校毕业生持续较大幅度增加。妥善解决以高校毕业生为重点的青年就业问题是世界各国面临的共同课题，更是当前和今后一个时期我国就业工作的突出问题和首要任务。

中国的年轻人生活在一个物质愈发繁荣的时代，因为计划生育的政策，他们大都是独生子女。虽然他们大都表示不想占用父母养老的钱，但他们自己的工资又很少，远不及欧美的年轻人。更为棘手的是许多年轻人不愿在低端行业如工厂工作，而中国现在已有 1/3 的年轻人拥有大学本科学历，这个数字已接近美国。现在中国大学毕业生的人数已经是2000年的5倍多。

为此，十八届三中全《决定》提出了一系列新的政策措施和重大改革举措。一是结合产业升级开发更多适合高校毕业生的就业岗位。根据高校毕业生综合素质好、专业技能水平高的优势，结合转方式、调结构和产业转型升级进程，瞄准战略性新兴产业的发展，培育新的就业增长点，着力发展科技含量高、吸纳就业能力强的智力密集型、技术密集型产业，大力发展先进制造业、高新技术产业以及现代服务业、现代农业等，开发更多适合高校毕业生的就业岗位。二是通过政府购买基层公共管理和社会服务岗位，更多用于吸纳高校毕业生就业。三是通过健全鼓励高校毕业生到基层工作的服务保障机制，鼓励引导高校毕业生到城乡基层、中西部地区、艰苦边远地区和中小企业就业。四是实行激励高校毕业生自主创业政策和高校毕业生就业促进计划。

促进“零就业”家庭自主创业。李克强总理在“两会”记者会上指出：“没有就业就没有收入，也难以增加社会财富。我在基层曾经访问过一些‘零就业’家庭，一个家庭没有一个人就业，真是毫无生气，没有希望。”作为2014年《政府工作报告》的重点内容，在促进“零就业”家庭就业的同时，要积极促进“零就业”家庭自主创业。对于城镇就业困难人员，“零就业”家庭有自主创业意愿的，可通过税费减免为其减轻负担。对创业资金缺乏的，给予小额担保贷款扶持。

同时，还要鼓励发挥各方资源优势，为自主创业者提供场地便利、创业孵化和跟踪服务。要继续推进创业示范城市建设，发挥创业引领作用。要完善扶持创业的优惠政策，形成政府激励创业、社会支持创业、劳动者勇于创业新机制。

第十一篇

打造平安中国的“制度之环”：推进社会治理

李克强总理在第十二届全国人大二次会议上所作的《政府工作报告》中提出，“繁荣发展社会事业是促进社会公正、增进人民福祉的有效途径。要深化社会体制改革，以更大的投入和更有力的举措，推动经济社会协调发展。”深化社会体制改革，推进社会治理创新，实行多元主体共同治理，更好发挥社会组织在公共服务和社会治理中的作用，是我国社会建设从“管理”向“治理”转变，提升社会治理能力的重要突破口。

一、李娜“单飞”：传统体育体制不再覆盖一切

体育是我国社会建设的重要领域。在我国体育运动领域，出现了一个重大变化，国家传统体育体制之外，出现了一个巨大社会空间。

2008 年奥运会，羽坛两大天王“超级丹”林丹和李宗伟对决。林丹苦战力克李宗伟，获得冠军。当时，电视台正在对颁奖进行直播。几位主持人热烈地讨论两大羽坛高手对决的精彩瞬间。其中有一位法国嘉宾主持人。这位法国朋友中文极流利，看似中国通。他看着领奖台上的林丹正说得眉飞色舞时，忽然一下子张口结舌，愣住了。原来，领奖台上的林丹正在行军礼，向全场观众致敬。林丹是个羽毛球运动员，为什么要行军礼？随后，几位中国主持人开始说起，林丹来自八一体工队，又说起行业体协，火车头体协等等。这位法国朋友看看这个人，看看那个人，如堕云里雾中，根本插不上话了。

中国的传统体育体制是一种隶属于计划经济的举国体制，与西方市场主导下的体育体制完全不同。举国体制是国家集中有限的人力、财力、物力，最大限度地调动各方面的积极性，有效配置全国的竞技体育资源，形成业余体校、体育运动学校、优秀运动队为基础的三级训练网，培养“专业运动员”。同时，在各企业、事业、军队中，都有相关体育机构，一方面发展群众体育运动，一方面向各级运动队输送优秀人才。

林丹 9 岁进入福建体校，12 岁时意外落选福建省体工队，随后进入八一体工队，18 岁进入国家队。因此，他的地方编制属于八一体工队。而八一体工队隶属于人民解放军。这是林丹行军礼的原因。西方职业体育培养强调市场机制和社会组织的作用。两种体制差异巨大，也难怪那位法国嘉宾被搞糊涂了。

我国传统体育体制是一个从上到下的金字塔形组织结构。国家相关体育部门制定体育发展的目标和规划，分配资金经费，各级体育部门按照上级要求制定详细工作计划。在传统体制中，不管是专业竞技体育还是群众体育，都是依照国家计划自上而下贯彻执行。这是与计划经济相匹配的体育体制，形成了全覆盖式网络。政府之外的体育组织虽然也存在，但影响很弱。

随着我国社会主义市场经济的发展，在政府部门的管理网络之外，出现了巨大的商业空间。职业体育和群众体育也随之出现新气象，私人的、社会化、商业化体育组织和体育活动纷纷出现。

我国体制外最著名的职业运动员当属李娜和丁俊辉。

2009 年，因为各种原因，李娜脱离国家队，开始以个人身份参加国际商业比赛。李娜自己寻找赞助商，自己组建团队，雇用教练、医生等。现在，李娜成为亚洲最成功的网球运动员，四次闯入大满贯决赛，两次获得冠军。在网球转播中，作为评论嘉宾，身高马大的专业网球男选手，一张嘴都是“娜姐”。

李娜“单飞”之前在国家职业体育体制中经过系统的培训。而斯诺克世界冠军丁俊辉则完全在体制外成长起来。丁俊辉被认为是“家庭培养”模式的代表。丁俊辉很小就表现出了台球天赋。为了培养丁俊晖打球，他的父亲辞去公职，带着丁俊晖去拜师。为了能到香港打球，他卖掉了老家的房子，带着全家移居广东东莞。一家三口租住在东莞东英台球俱乐部 3 楼简陋的房子里，月租 700 元。4 年之后，丁俊晖拿到全国冠军，从此一发不可收拾，成为世界冠军。

这种国家培养体制之外的“家庭培养”之路，在围棋项目中也很普遍。现在，在各省市的体校之外，我国出现按照商业模式运作的围棋道场，给很多学棋的小孩提供学棋的场所。各种商业比赛给这些小棋手提供锻炼机会。为了培养孩子，一些家长也是举家搬迁。这些孩子经过训练达到很高水平后，参加定段赛成为职业棋手。围棋世界冠军周睿羊走的就是这样一条路。

在国家相关部门管理的群众体育体制之外，市场经济也给群众体育开辟了巨大的空间。笔者喜欢羽毛球，就以身边发生的民间羽毛球比赛为例。羽毛球喜闻乐见。有需求就有市场。商业经营的羽毛球运动馆随之出现，提供了不同档次的运动场所。一些退役下来的运动员，或者羽毛球专业的体育大学毕业生开始自己办训练班。一些同学、同事定期锻炼，逐渐形成小团体。一些羽毛球用品店为了销售，办起了小型的非营利的羽毛球俱乐部。网上出现了以 QQ 群为形式的羽毛球锻炼团体。在特定的场馆，特定时间，只要交 20 元，不管认不认识，都可以参加羽毛球活动。为了扩大业务和影响，一些体育用品店主动发起民间羽毛球比赛。这些体育用品商借助自己的个人朋友关系，邀请各种小团体参赛，并拉商家提供一点资助作为奖品。虽然都是业余比赛，奖品不大，但羽毛球爱好者以球会友，积极参与。有一次，一个朋友得了冠军，高高兴兴地抱回来的奖品是两坛酒。这种自发的民间羽毛球小型比赛办得是风风火火。

现在，区、乡政府部门要组织群众性的羽毛球赛，也往往要找到一些体育用品店拉赞助，联系各种小俱乐部，要他们参与组织，参加报名。为了有效利用它们的资源，有时与它们一起合办，甚至出资让它们承办。

如何处理国家体育组织与李娜、丁俊辉等体制外“个体”的关系？国家体育部门如何处理与民间体育组织的关系？如何发挥它们的积极作用？而国家相关体育部门又该相应进行什么样的转变呢？

笔者不是要讨论这些问题，而是说，它们都涉及到一个核心问题，就是国家体育部门必须顺应形势，正视、重视这些社会组织和社会力量，“从管理向治理”转变。

体育运动只是一个缩影。

“从管理向治理”，这是国家社会治理现代化的必然趋势。

二、从管理到治理：一字之变的深刻内涵

从“管理”到“治理”，并不是简单的文字游戏。

管理是与计划经济相适应的，而治理是与市场经济相适应的，从“管理”向“治理”转变，本质上是在从社会主义计划经济体制向市场经济体制不断转变中，由于社会发生的深刻变化，国家职能和组织形式发生的相应变化。

我国的计划经济体制是为推动快速工业化服务的。通过计划经济体制，国家可以动员、集中一切人力、物力和精神力量，快速工业化进程。新中国成立后，我国能在极端落后情况下，在短时间初步完成工业化，建立完整的国民经济体系，建成以“两弹一星”为代表的国防工业体系，计划经济功不可没。人们经常说“社会主义能够集中力量办大事”，也就是这个意思。而我们前面所说中国体育的举国体制，是赶超战略在国家体育上的一种体现。

在计划经济中，国家自上而下，掌握着一切人力、物力、财力，制定计划，组织生产，同时，在低收入的情况下，为了鼓足干劲，还要通过文学艺术等方式进行思想动员。因此，计划经济产生了庞大的国家行政机构。行政权覆盖到生产、生活的一切领域。这就是人们常说的“全能型政府”，一种由上到下的全覆盖式管理。从宏观的经济发展计划到一个单位的工作，再到百姓的衣食住行、生老病死，这个“全能政府”都要管起来。这也形成了人们对国家政府部门的信赖和依赖。上了一定年纪的人常说，你放心，有国家呢！这种心态就源于那时的生活经历。

计划经济体制形成了政治、经济、社会高度一体化。这种高度一体化集中体现在“单位”。在国家计划体制下，工作的地方是单位。大的单位的职工往往生活在一起，尤其是大型工矿企业。单位要执行国家的发展计划，要上传下达，动员职工，进行各种思想工作，解决各种矛盾。同时，单位也要承担起解决职工生活的任务，如医疗保健、文化、卫生、体育、婚姻、幼儿保育，儿童教育。大的单位当时有自己的医院、学校、运动场和“职工之家”之类的娱乐场所。当时，孩子上学、夫妻两口子打架都要找单位领导。这实际上是国家承担了一切经济职能时，同时也必然要承担一切社会职能。

随着市场经济的发展，高度一体化的政治、经济和社会体制则开始分化。

市场经济要求市场中的企业按照市场规律，自己安排经济活动，优胜劣汰，责任自负。国家的职能自然要发生变化。在我国的市场经济发展中，国家除了保持具有战略意义的国有大企业之外，把配置资源、生产财富的任务交给了市场。国家虽然对经济发展还有指导性规划，但市场要起到决定性作用。国家的主要职能则是维持市场的秩序。这样，政府和经济相分离，经济有了独立性，国家从“全能型政府”向“服务型政府”转变。职能的变化引起政府结构的变化。为了建设服务型政府，我国一直推进行政体制改革。

随着市场经济的发展，我国出现了以公有制为主体的多种所有制共存的局面。这必然形成多样化的利益群体和利益诉求。同时，市场经济瓦解原有社会组织，形成人的原子化。最有代表的是现代城市社区。以前以单位为中心的居住生活环境逐渐被现代社区所代替。这些社区以商业住宅小区为基础，居民来自五湖四海，互不熟识。这被称为“孤独的人群”。但是，这些居民的社会需求却依然存在，如医疗、教育、文化、卫生、体育、安全等等。因此，一些社会组织开始发展起来。比如，为了体育锻炼，人们开始自发组成小团体，体育用品经销商为了商业利益，开始建立小型健身俱乐部。为了解决孩子学习，开始出现各种补习培训班。为了解决青年夫妻接送孩子问题，出现了代接孩子的“小饭桌”。另外，还有解决各种心灵需求的，如佛教学习研修班等。各种社会组织和商业组织层出不穷。

打个比喻。一个冒险者需要温暖的家。冒险失败后，可以回来休养，然后继续出发。社会主义市场经济由两部分组成，市场经济是出外冒险，而社会主义要提供一个家，失败的冒险者可以回来休养、恢复。在经济领域，国家要适度退出，而在社会领域，国家要进入，承担起社会治理职责，提供一个温暖、安全的“家”。

但是，在市场经济条件下，政府是有限的。它控制的人、财、物也是有限的。而在我国现阶段，利益格局复杂、社会诉求多元、各种矛盾多发、社会组织纷杂。因此，国家的社会治理不是，也不可能是全能型的自上而下的一元化的支配性管理，而是更多的强调多元互动，平等协商，更多讲究公民的参与，运用市场的力量、社会组织的力量，解决一些社会服务、社会管理中的问题，为社会提供服务。

三、舵手和桨手：激发市场力量和社会组织的活力

提高社会治理能力，创新治理体制，要更好发挥市场力量和社会组织在公共服务和社会治理中的作用。

现在我们说的社会组织，也就是过去说的“民间”组织，简单地说，就是在政府、企业之外的具有非营利性、非政府性、独立性、志愿性、公益性等特征的组织。

在政府与营利性的企业、社会组织的关系中，政府是“舵手”，企业和社会组织是“桨手”。舵手要指明方向，掌控节奏，协调桨手，保持船的整体平稳。而桨手则要发挥力量、技巧，做大做强。二者相互配合，保持航船快速平稳行进。

实际上，这种政府部门与企业和社会组织部门相协调，共努力的社会治理形式已经有成功的例子。2013 年，中国围棋选手横扫世界棋战，包揽全部六项冠军。这个成绩实际上就是代表政府体育部门的中国围棋协会协调企业和各种相关社会组织取得的。各种民间围棋道场大量培养人才，大公司资助承办职业围棋联赛，给棋手出路，再加上原有体制的国家集训优势，中国围棋迅速发展。

在政府部门引导下，利用社会组织协调、解决社会矛盾，已经成为社会治理的重要途径。

浙江是我国市场经济发展较早的地区，利益多元化导致的矛盾也发生较早。解决这种矛盾成为地方政府部门的难题。2002 年，浙江温岭市新河镇劳资冲突加大，工人罢工、上访不断，企业疲于应付，政府也头疼。2003 年 6 月 13 日，由浙江温岭市新河镇政府部门、工会出面，召集羊毛衫行业劳资双方坐下来进行“职工工资恳谈会”，协商工价。13 位职工代表和 8 位企业老板开始坐下来，面对面商谈，确定各个工序统一的、合理的工价。经过反复商讨，双方在 8 月 8 日签订《2003 年下半年羊毛衫行业职工工资（工价）集体协商协议书》。

这是我国第一份工资商讨协议书。它引起国家高层领导人的高度关注。

就在“工资协议”签订后的第二天，长屿羊毛衫行业工会成立。这是我国第一个非公有制企业的行业工会。行业工会委员会由 9 人组成，除镇工会副主席陈福清兼任主席外，其余八位委员，都由十几家较大规模企业的一线工人选出。在此后 8 年时间，新河镇长屿羊毛衫行业工会主席带领行业的 1.2 万名职工与企业老板坚持不懈地进行工资谈判，每年职工工资都有约 10%的增长。

这是政府创新治理体制，提升治理能力，引导，发挥行业工会这种社会组织，解决劳资矛盾的经典案例。

现在，我国政府也通过向专业化咨询公司购买服务，提升自身的治理能力。

零点研究咨询集团董事长袁岳做客观察者网时，谈及中国政府如何运用民调提高治理能力。据袁岳说，中央政府、很多地方政府，在出台一些与民生相关的政策时，大量运用民调，对下级进行考评，主要是考察老百姓对政策的满意度。这种民间咨询公司和政府的合作，或者说政府对民调的“采购”，开始于 2001 年。当时，国家制定出大政方针，但都是粗线条的，它要与部门、地方情况相结合，落实为具体的政策。但一些政府部门可能不知道怎么做。因此，它们开始寻求所谓“外脑”，帮他们提出若干可以做的东西。于是，民调公司开始与一些政府部门合作。咨询公司主要是基于调查和研究基础上的咨询工作，为政府提供政策咨询。这种研究咨询涉及社会保障、医疗、消费文化、政治参与调查等。监察部门也通过民间咨询公司进行公共意见调查，主要是与公共政策相关的公众考评。最终，这些调查咨询的归宿都是民众对国家政策的满意度。民意调查在一定意义上提高了政策考评的客观化和科学化。在政策实施时，政府部门内部有自己的考评，并根据这些考评来评价部门和工作人员的工作。但是，经过民间咨询公司的民意调查发现，政府内部的评价和老百姓的公共评价、调查公司的专业评价，居然存在很大冲突。当一些部门根据内部评价感觉自我良好时，客观的评价却很低。这对委托部门和政策实行部门触动很大，反思自己的评价尺度，改进工作。

据中国政府网消息，2013 年 7 月 31 日，国务院总理李克强主持召开国务院常务会议，研究推进政府向社会力量购买公共服务，部署加强城市基础设施建设。会议明确，将适合市场化方式提供的公共服务事项，交由具备条件、信誉良好的社会组织、机构和企业等承担。

引进市场力量、社会组织，提升国家治理能力，优化公共服务和社会治理，正在大规模展开。

四、民主与法治：保证社会治理良好运行的“双轨”

李克强总理在2014年《政府工作报告》中提出，“注重运用法治方式，实行多元主体共同治理，健全村务公开、居务公开和民主管理制度，更好发挥社会组织在公共服务和社会治理中的作用。”

在市场经济条件下，政府要转变为服务型有限政府。现代社会是一个高度专业分工的社会，解决任何社会领域的难题都需要专业技术、团队、管理、营销渠道、法律知识等等。因此，如果有限的服务型政府要包揽一切，相关政府部门就会急剧扩张。在市场中存在这些技术、团队、渠道的情况下，政府另起炉灶，就会造成社会资源浪费。实际上，即使真要这样做，财政难以支撑，也很难达到较高的专业水平。

因此，为了更好的进行社会治理，必须引导市场力量和社会力量，也就是利用盈利性的企业和公益性的社会组织的力量服务社会。具体的措施就是政府向社会组织、企业“购买”服务，让这些社会组织、企业为广大群众提供文化、教育、体育、卫生医疗、环境、安全等社会公共服务。

要提高社会治理能力，更好地发挥社会组织和市场力量在公共服务和社会治理中的作用，必须注重运用法治的方式和民主管理制度。

一方面，这是政治要求。在我国，一切权力属于人民。政府权力是人民赋予的，必须为人民群众服务，受人民群众监督。在我国，人民通过自己的代表把权力委托给人民代表大会，由人民代表大会产生政府、法院和检察院，形成权力的二次委托。政府部门把公共服务“外包”，或者说向企业或社会组织“购买”，这就形成了权力的第三次委托。因此，政府向企业、社会组织购买社会公共服务的过程，实际上是人民经过三次委托，要企业、市场力量为自己提供更优质的社会公共服务的过程。人民有权利参与、监督这个过程。

另一方面，这是市场力量的缺陷的要求。企业是以赢利为第一目标，追求最大限度扩大自己的利益，而不是公共目标，不是社会利益最大化。如果没有相应的民主法治监督机制，就会损害社会公共服务。在上个世纪 70 年代，英国铁路部门亏损严重。英国进行改革，引入市场力量，把铁路转包给 120 个公司，并希望通过竞争提高服务。改革初期铁路运行有所好转，但后来弊端不断暴露。主要是私人企业重视短期利益，忽视长期投资，造成管理不善，事故多发。从而陷入财务危机，还要依靠政府补贴，最后又收归政府。同时，社会组织具有非盈利性，但一些组织往往代表特定社区、职业、群体的利益，眼界受到限制。自身的自发性也使其受到限制，不能清楚地表达诉求，合理地维护利益。

因此，必须坚持、发展民主管理制度。民主管理的关键在于参与和表达。在引入社会组织和市场力量服务社会时，要坚持多元参与，民主协商。在政府、企业、社会组织、群众之间，尊重各自的权利。每一方都应该有权力明确表达自己利益诉求，有权力维护自己的利益诉求。这样，经过多元互动，达成利益妥协，形成各方都能接受的方案。在这个过程中，政府要起到引导、协调、监督的作用。同时，政府还要推动社会组织的健康发展，发挥它在政府与个人、企业与个人之间的中介、协调作用。

同时，必须坚持、发展法治方式，在引入市场力量、社会力量时，要形成法律化、制度化，透明公开，在阳光下运行。

2013 年 7 月 31 日，李克强总理主持召开国务院常务会议，研究推进政府向社会力量购买公共服务。会议明确法治化运作，将适合市场化方式提供的公共服务事项，交由具备条件、信誉良好的社会组织、机构和企业等承担。一是各地要在准确把握公众需求的基础上，制定政府购买服务指导性目录，明确政府购买服务的种类、性质和内容，并试点推广。二是政府可通过委托、承包、采购等方式购买公共服务。要按照公开、公平、公正原则，严格程序，竞争择优，确定承接主体，并严禁转包。三是严格政府购买服务资金管理，在既有预算中统筹安排，以事定费，规范透明，强化审计，把有限的资金用到群众最需要的地方，用到刀刃上。四是建立严格的监督评价机制，全面公开购买服务的信息，建立由购买主体、服务对象及第三方组成的评审机制，评价结果向社会公布。五是对购买服务项目进行动态调整，对承接主体实行优胜劣汰，使群众享受到丰富优质高效的公共服务。

五、和谐家园：社区是社会治理的重心

“家乡”是一个饱含情感的概念。家自然是小家庭，父母兄弟姐妹。乡就是村庄，是邻里街坊共同生活的地方，是放大的家。现在，社区就是居民一个放大的家。一个社会的各种特征，都凝聚在社区中。家和万事兴。以人为本，构建祥和的社区，是我国社会治理的重心。

2014 年 3 月 5 日，习近平总书记在全国“两会”上海组参与讨论时，谈及加强和创新社会治理，强调指出，“加强和创新社会治理，关键在体制创新，核心是人，只有人与人和谐相处，社会才会安定有序。社会治理的重心必须落到城乡社区，社区服务和管理能力强了，社会治理的基础就实了。要深入调研治理体制问题，深化拓展网格化管理，尽可能把资源、服务、管理放到基层，使基层有职有权有物，更好为群众提供精准有效的服务和管理。”

城市社区委员会、村民委员会是群众性基层自治组织。社区居民要对社区发展承担共同的责任，共同分享社区发展成果。在社区建设中，政府要发挥引导、协调、推动社区委员会、社会组织和个人志愿者的积极作用，促进共建和谐家园。

（一）充实社区委员会力量，平衡责权

从 2010 年 7 月开始，安徽铜陵在市区全面推行社区管理体制改革，先后撤销下辖的官山区和狮子山区的 10 个街道办事处，把原来的 61 个社区整合为 23 个社区，从原来的“市—区—街道—社区”四级管理调整为“市—区—社区”三级服务。原街道办事处相关的公共管理、服务、部分审核审批职能下放到社区。原街道人员下沉到社区，原街道管理成本变成社区服务管理经费，原街道工作用房调整改建，为居民服务。

在我国广泛实行城市社区基层自治的情况下，上级部门街道和下属社区之间的功能结构存在矛盾症结。社区实行自治，真正要管理社区的日常事务，同时还要承担落实国家各种公共服务政策的任务，但却只掌握很少人、财、物。街道实际上是一个“二传手”，把上级行政部门的任务分派给社区，检查督促，但却控制着人、财、物。从而形成了社区权力小，责任大，资源少，事情多，机构小，职能大的矛盾。为了解决这个矛盾，我国行政改革开始试验，裁撤街道，将街道掌握的财力、物力和人力转移到社区，充实社区的力量。

这种以充实城市社区自治能力、治理能力的改革正在我国各地展开。

（二）以社区居民实际需求为取向，发挥社会组织的作用

社区居民的需求是多种多样的，如老年的健康护理、年轻人娱乐、少年儿童的培养等等。因此，必须利用社会组织的力量，发挥社区自身人才、资源等优势来满足社区居民多样化的服务需求。2008年，湖北武汉百步亭社区成立了湖北省第一个社区文联——百步亭社区文联。百步亭社区居住和生活着12万多人。社区居民需要文化娱乐，开发商要打造品牌。因此，百步亭社区联系文联，成立湖北省第一个社区文联，发挥文联职能作用，为小区居民提供高水平文化服务。社区文联是由武汉著名评书表演艺术家何祚欢、优秀京剧表演艺术家陈幼玲等文化名人推动，组建了文学协会、书画协会、戏曲协会等9个协会，发展了歌咏队、舞蹈队等160多支群众性的文化活动队伍，组织开展形式多样的群众文化活动。群众不仅可以观看、欣赏艺术，还可以参与表演。社区文联还积极承办中央、省、市的一些重大文化活动。文化活动增强居民凝聚力，认同感。

（三）发挥个人志愿者的积极性

个人志愿者是社区建设不可忽视的力量，组织起来能够发挥巨大作用。对很多城市社区来说，让人头痛的就是交通，更让人头痛的是早晚接送孩子时的交通。大多数家长既要上班，又要送孩子。学校周

边交通往往一塌糊涂，每个人都很着急，又无可奈何。这种现象其他国家也出现过。日本由志愿者解决这个问题。一些家长志愿者，由一些老人，不上班的母亲组成，在通往学校的所有交通路口，负责维护交通安全。所以，很多时候，日本的小学生都是自己上学，不用家长接送的。志愿者实际上是解决了一个不小的社会难题。现在，在我国一些地方也出现了这样的家长志愿者。2013 年寒假开学，山东济南章丘市汇泉小学的家长在家长委员会的号召下，组成志愿者服务岗，在学校门口帮助维护交通，护送孩子过马路。服务岗以年级为单位，引导家长停车，护送学生。这些志愿活动将长期化。如果这一组织形式能进一步拓展，从小区到学校，形成学生安全通道，将非常令人期待。如果加以正确引导，加大组织力度，志愿者在维护小区秩序、安全等方面都能发挥巨大作用。

社区是社会生活的基本单位，创新社区治理方式，成功地治理社区，将为我国社会治理打下坚实的基础。

第十二篇

守护精神家园——建成现代文化强国

李克强总理在2014年《政府工作报告》中指出：文化是民族的血脉。要培育和践行社会主义核心价值观，加强公民道德和精神文明建设。继续深化文化体制改革，完善文化经济政策，增强文化整体实力和竞争力。促进基本公共文化服务标准化均等化，发展文化艺术、新闻出版、广播电影电视、档案等事业，繁荣发展哲学社会科学，倡导全民阅读。提升文化产业发展水平，培育和规范文化市场。传承和弘扬优秀传统文化，重视保护文物。加快文化走出去，发展文化贸易，加强国际传播能力建设，提升国家文化软实力。发展全民健身和竞技体育产业。我国是历史悠久的文明古国，也一定能建成现代文化强国。

一、熔铸民族的血脉：为什么要建成现代文化强国

实现中华民族伟大复兴，建成现代文化强国，一直是中国近代以来面临的一个严峻问题。近代中国积贫积弱。一方面，西方列强的武力入侵和文化渗透，迫使中国人考虑如何维护自己的民族尊严和文明传统；另一方面，在中国社会逐步走向现代化的过程中，中国人必须探索如何实现中华传统文化的转化和创新。但是，由于中国近代处于落后挨打的局面，中华文明的前景显得暗淡无光。

在很多西方人看来，东方的中国是神秘的，也是落后的，还是不信神（上帝）的，让上帝的阳光照耀这里，是很多西方人的梦想。1834年6月4日，一艘轮船从纽约起航。那一天阳光灿烂，一位年轻

的教士站在船舷挥手同送行的人群告别，他叫伯驾（PeterParker，1804—1888）。船驶入了公海，船上的人们为伯驾吟诵一位友人写的送别诗：

天堂轻风欢畅，伴君横渡大洋。肩负上帝重托，志在中国解放。

上帝恩泽普被，虽死犹自荣光。传播救世福音，黑暗从此光亮。[①]

经过 146 天航行，伯驾到达了广州并行医传教。后来，伯驾作为美国特使的助手和翻译，参与《望厦条约》的谈判。1855 年，美国政府正式委任他为驻华全权公使。西方人来了——无论是行医，是传教，是冒险，还是掠夺——中国的大门已经是打开了，而且也不可能重新关上了，因为“外面有人推门，敲门，撞门，甚至破门跳窗而来”[②]就这样，鸦片战争以后大批涌入中国的洋人带着他们的坚船利炮，俨然要成为中国的主人了。

马克思在《中国革命与欧洲革命》中指出：“与外界完全隔绝曾是保存旧中国的首要条件，而当这种隔绝状态通过英国而为暴力所打破的时候，接踵而来的必然是解体的过程，正如小心保存在密闭棺材里的木乃伊一接触新鲜空气便必然要解体一样。”[③]面对西方列强对中国国土的侵略，面对一系列不平等条约，面对西洋文化对中华民族心理的撞击，中国人的民族自信和自尊受到致命的打击。与鸦片对人的身体破坏相比，这是一种对灵魂的“销蚀”，更为严重！清末出国考察五大臣之一的戴鸿慈，在他的日记中说，1906 年 1 月 4 日夜，驻檀香山领事及众商“设宴署中，席间互致颂词。参赞伍光建因举觞称：‘方今急图，是有三战：一曰商战，二曰兵战，而笔战尤急。何也？外人所以陵藉公理，冒大不韪而鱼肉我者，非尽以无道行之也。彼人名理者甚多，而能知吾国内情者甚少。其故盖因西人不习中国文字，而吾国报界鲜有能以彼国文字作为论说，以通彼此之情实者。彼国报

①【美】乔纳森·斯潘塞（史景迁）：《改变中国》，曹德骏等译，三联书店 1990 年版，第 39 页。
②钟叔河：《走向世界——近代知识分子走向世界考察西方的历史》钱钟书序言，中华书局 1985 年版。
③《马克思恩格斯选集》第 1 卷，人民出版社 2012 年版，第 780-781 页。

章又辄不加审实，一切谩骂，每每以此酿成巨患。故欲消弭于无形，笔战不可不急’云云。听者大鼓掌。”①其实，当时无论是“商战”、“兵战”还是“笔战”，中国都处于劣势，缺少起码的实力。

千百年来，面对各种艰难险阻，中国人民艰苦奋斗，前赴后继，涌现出许多可歌可泣的英雄人物。鲁迅先生曾经说过，“我们从古以来，就有埋头苦干的人，有拼命硬干的人，有为民请命的人，有舍身求法的人，……虽是等于为帝王将相作家谱的所谓‘正史’，也往往掩不住他们的光耀，这就是中国的脊梁。”②近代以来，特别是中国共产党诞生以来，在中国革命斗争过程中形成和发展的团结统一、独立自主、爱好和平、自强不息的民族精神，是我们实现中华民族伟大复兴的重要思想资源。

毛泽东在《工作方法六十条（草案）》中特别强调：“中国经济落后，物质基础薄弱，使我们至今还处在一种被动状态，精神上还是感到受束缚，在这方面我们还没有得到解放，要鼓一把劲。再过五年，就可以比较主动一些了；十年后会更加主动一些；十五年后，粮食多了，钢铁多了，我们的主动就更多了。”③在社会主义建设时期，“中国共产党人和中国人民的精神面貌是十分可贵的。”④这种精神，在任何时候都是值得我们继承和弘扬的，也是建设文化强国的重要力量。

党的十六大报告指出，在当代中国，发展先进文化，就是发展面向现代化、面向世界、面向未来的，民族的科学的大众的社会主义文化，以不断丰富人们的精神世界，增强人们的精神力量。党的十七大报告强调，中华民族伟大复兴必然伴随着中华文化繁荣兴盛。要充分发挥人民在文化建设中的主体作用，调动广大文化工作者的积极性，更加自觉、更加主动地推动文化大发展大繁荣，在中国特色社会主义

---

①戴鸿慈：《出使九国日记》，岳麓书社 1982 年版，第 66 页。
②《鲁迅全集》第 6 卷，人民文学出版社 2005 年版，第 122 页。
③《毛泽东文集》第 7 卷，人民出版社 1999 年版，第 31 页。
④中共中央党史研究室：《中国共产党历史》第 2 卷，中共党史出版社 2011 年版，第 737 页。

的伟大实践中进行文化创造，让人民共享文化发展成果。党的十七届六中全会强调：坚持中国特色社会主义文化发展道路，深化文化体制改革，推动社会主义文化大发展大繁荣，必须高举中国特色社会主义伟大旗帜，以马克思列宁主义、毛泽东思想、邓小平理论和“三个代表”重要思想为指导，深入贯彻落实科学发展观，坚持社会主义先进文化前进方向，以科学发展为主题，以建设社会主义核心价值体系为根本任务，以满足人民精神文化需求为出发点和落脚点，以改革创新为动力，发展面向现代化、面向世界、面向未来的，民族的科学的大众的社会主义文化，培养高度的文化自觉和文化自信，提高全民族文明素质，增强国家文化软实力，弘扬中华文化，努力建设社会主义文化强国。党的十八大报告再次强调：“建设社会主义文化强国，必须走中国特色社会主义文化发展道路”，“推动社会主义精神文明和物质文明全面发展，建设面向现代化、面向世界、面向未来的，民族的科学的大众的社会主义文化”[①]。

我国是历史悠久的文明古国，也一定能建成现代文化强国。进入新世纪以来，我国的文化建设取得了一系列成就，开创了新的工作局面。社会主义核心价值观深入人心，思想道德建设广泛开展，文化体制改革取得重要进展，文化事业和文化产业快速发展，人民基本文化权益得到更好保障，人民精神文化生活更加丰富多彩，人民精神风貌更加昂扬向上，全社会文明程度进一步提高，为继续解放思想、坚持改革开放、推动科学发展、促进社会和谐提供坚强思想保证、强大精神动力、有力舆论支持、良好文化条件。

二、12 个“关键词”：社会主义核心价值观的培育和践行

2013 年 12 月，中央办公厅印发《关于培育和践行社会主义核心价值观的意见》，将 24 字核心价值观分成 3 个层面：富强、民主、文明、和谐，是国家层面的价值目标；自由、平等、公正、法治，是社

---

①《中国共产党第十八次全国代表大会文件汇编》，人民出版社 2012 年版，第 28 页。

会层面的价值取向；爱国、敬业、诚信、友善，是公民个人层面的价值准则。这24个字是社会主义核心价值观的基本内容。

从世界范围看，早在20世纪70年代末，国际交流问题研究会在一份题为《多种声音，一个世界》研究报告中指出：要保护公民权利，促进世界交流，社会大众就要组成一个“真正的共同体，大家都抱有共同的价值观念体系，同心同德地从事共同的事业”。[①]建设中国特色社会主义是我们各族人民群众的共同理想。党的十七届六中全会通过《中共中央关于深化文化体制改革推动社会主义文化大发展大繁荣若干重大问题的决定》强调，坚持中国特色社会主义文化发展道路，坚持社会主义先进文化前进方向，以科学发展为主题，以建设社会主义核心价值体系为根本任务，以满足人民精神文化需求为出发点和落脚点，以改革创新为动力，发展面向现代化、面向世界、面向未来的，民族的科学的大众的社会主义文化，培养高度的文化自觉和文化自信，提高全民族文明素质，增强国家文化软实力，弘扬中华文化，努力建设社会主义文化强国。党的十八届三中全会强调，紧紧围绕建设社会主义核心价值体系、社会主义文化强国深化文化体制改革，加快完善文化管理体制和文化生产经营机制，建立健全现代公共文化服务体系、现代文化市场体系，推动社会主义文化大发展大繁荣。

弘扬社会主义核心价值观，要加强公民道德和精神文明建设。美国学者英格尔斯认为：“那些先进的制度要获得成功，取得预期的效果，必须依赖运用它们的人的现代性格、现代品质。无论哪个国家，只有它的人民的心理、态度和行为，都能与各种现代形式的经济发展同步前进，相互配合，这个国家的现代化才真正能够得以实现。”[②]培育和践行社会主义核心价值观要从小抓起、从学校抓起，把社会主义

①国际交流问题研究委员会：《多种声音，一个世界》，中国对外翻译出版总公司1981年版，第276页。
②【美】英格尔斯：《人的现代化》，四川人民出版社1985年版，第6页。

核心价值观纳入国民教育总体规划，贯穿于基础教育、高等教育、职业技术教育、成人教育各领域，落实到教育教学和管理服务各环节，覆盖到所有学校和受教育者，形成课堂教学、社会实践、校园文化多位一体的育人平台，不断完善中华优秀传统文化教育，形成爱学习、爱劳动、爱祖国活动的有效形式和长效机制，努力培养德智体美全面发展的社会主义建设者和接班人。

社会主义核心价值观是社会主义核心价值体系的内核，体现社会主义核心价值体系的根本性质和基本特征，反映社会主义核心价值体系的丰富内涵和实践要求，是社会主义核心价值体系的高度凝练和集中表达。当今时代，文化越来越成为民族凝聚力和创造力的重要源泉、越来越成为综合国力竞争的重要因素，丰富精神文化生活越来越成为中国人民的热切愿望。建设社会主义核心价值体系，就要增强社会主义意识形态的吸引力和凝聚力。邓小平指出："中国稳住了，而且实现了发展目标，社会主义就显示出优越性。……不随便批评别人、指责别人，过头的话不要讲，过头的事不要做。……中国的社会主义是变不了的。中国肯定要沿着自己选择的社会主义道路走到底。谁也压不垮我们。只要中国不垮，世界上就有五分之一的人口在坚持社会主义。我们对社会主义的前途充满信心。"[①]中国特色社会主义，"不但是给占世界总人口四分之三的第三世界走出了一条路，更重要的是向人类表明，社会主义是必由之路，社会主义优于资本主义。"[②]到 21 世纪中叶，当中国基本实现了现代化，社会主义将显示出强大的生命力、吸引力和竞争力，社会主义意识形态的吸引力和凝聚力必将大大增强，社会主义将被越来越多的国家和人民向往和追求。

三、今天你读书了吗：倡导全民阅读

读书是一件幸福的事情。美国著名女诗人艾米丽·狄金森曾经这

①《邓小平文选》第 3 卷，人民出版社 1993 年版，第 320-321 页。
②《邓小平文选》第 3 卷，人民出版社 1993 年版，第 225 页。

样写道：

“没有一艘航船能象一本书
将我们送往异乡，
也没有一匹骏马
能象诗一样驰骋远方。

最穷的人也能作如斯遨游，
不用受关税的威逼；
运载人类灵魂的车辆
收费是何等便宜！”①

（一）我国国民的读书现状

根据中国新闻出版研究院组织实施的第十次全国国民阅读调查，2012年我国18—70周岁国民图书阅读率为54.9%，比2011年上升了1.0个百分点，数字阅读方式的接触率为40.3%，比2011年上升了1.7个百分点，受报纸阅读率下降等影响，各媒介综合阅读率为76.3%，比2011年下降了1.3个百分点。2012年我国18—70周岁国民图书阅读率为54.9%，比2011年的53.9%上升了1.0个百分点；报纸阅读率为58.2%，比2011年的63.1%下降了4.9个百分点；期刊阅读率为45.2%，比2011年的41.3%上升了3.9个百分点；数字化阅读方式（网络在线阅读、手机阅读、电子阅读器阅读、光盘阅读、PDA/MP4/MP5阅读等）的接触率为40.3%，比2011年的38.6%上升了1.7个百分点。综合以上各媒介，2012年我国18—70周岁国民包括书报刊和数字出版物在内的各种媒介的综合阅读率为76.3%，比2011年的77.6%下降了1.3个百分点。2012年我国18—70周岁国民人均纸质图书阅读量为4.39本，报纸和期刊阅读量分别为77.20期（份）和6.56期（份），电子书阅读量为2.35本。与2011年相比，报

①《狄金森诗钞》，张芸译，四川文艺出版社1986年版，第86页。

纸和期刊的阅读量均有下降，纸质图书和电子书阅读量均有上升。2012 年我国 18—70 周岁国民对个人阅读数量评价中，只有 1.3%的国民认为自己的阅读数量很多，7.1%的国民认为自己的阅读数量比较多，有 38.5%的国民认为自己的阅读量一般，53.1%的国民认为自己的阅读数量很少或比较少。对未成年人图书阅读量的分析发现，2012 年未成年人群的图书阅读量均有不同程度的减少。其中，我国 14—17 周岁未成年人课外图书的阅读量最大，为 7.96 本，比 2011 年的 10.68 本降低了 2.72 本；9—13 周岁未成年人人均课外图书阅读量为 6.04 本，比 2011 年的 7.24 本降低了 1.20 本；0—8 周岁儿童人均图书阅读量为 3.85 本，比 2011 年的 5.40 本下降了 1.55 本。综合三个年龄段未成年人的人均图书阅读量为 5.49 本。

根据国际出版蓝皮书的统计，韩国大概 11 本，法国 8.4 本，日本也是 8.4 到 8.5 本左右，美国读 7 本，但他们也有大概 4 成以上人不读书。因此，我国国民的阅读状况与国外还是存在一定的差距。

图表 11　综合阅读率 5 年间变化

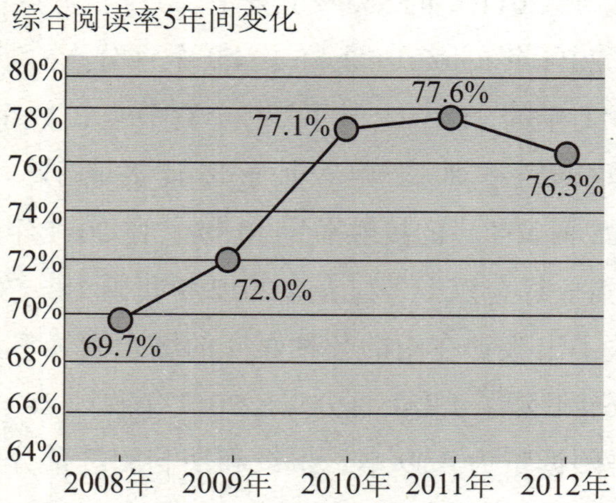

图表 12　国民阅读习惯分析

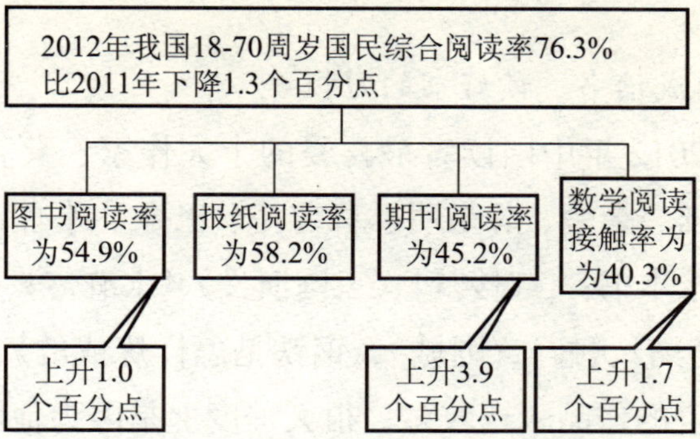

（二）毛泽东是如何读书的

毛泽东是我们读书的榜样。毛泽东一生最大的爱好就是读书，他曾说过：“饭可以一日不吃，觉可以一日不睡，书不可以一日不读”。毛泽东在中南海的书房里有 9 万多册藏书。他在给秘书林克的信中说过：“钻到看书看报看刊物中去，广收博览，于你我都有益。”有人把毛泽东的阅读范围概括为马克思主义、哲学、自然科学、社会政治、经济、军事、历史、文学、书法、报纸杂志、丛书工具书，共 11 大类①，这真称得上是博览群书。

毛泽东身边离不开书，据他身边的工作人员回忆，主席外出经常要带走一大批书，种类很多，包括的范围很广。其中包括马克思、恩格斯、列宁、斯大林、黑格尔、费尔巴哈的主要著作……，除了国外著名哲学典籍，主席外出还会带上不少中国传统哲学书籍，比如：《荀子》、《韩非子》、《论衡》、《张氏全书》（张载），以及关于《老子》的书十几种。

毛泽东还曾经给他的两个儿子开过一张书单：《精忠岳传》、《官场现形记》、《子不语正续》、《三国志》、《大众哲学》、《中国历史教程》、《兰花梦奇传》、《峨嵋剑侠传》、《小五义》、《续小五义》、《聊斋志异》、《水浒》、《薛刚反唐》、《儒林外史》、《何典》、《清史演义》、《洪秀

①陈晋:《毛泽东的读书生涯和政治实践》,《光明日报》2009 年 7 月 11 日。

全》、《侠义江湖》等，这张书单在一定程度上体现了毛泽东读书广博的特点。

（三）要养成读书、读好书的习惯

据调查，2012年中国读者最喜爱的十大作家：莫言、金庸、鲁迅、韩寒、琼瑶、老舍、郭敬明、曹雪芹、巴金、冰心。2012年中国读者最喜爱的十本书：《红楼梦》、《三国演义》、《水浒传》、《西游记》、《天龙八部》、《红高粱》、《蛙》、《围城》、《钢铁是怎样炼成的》、《丰乳肥臀》。当然，这次莫言的作品入选较多，很大程度上是因为他获得了诺贝尔文学奖。

读书需要动动脑筋，也需要选择。日前，有出版社在网络上对3000多位读者进行一项“死活读不下去的图书”调查，结果《红楼梦》高居榜首。中国古代另外三大名著《三国演义》、《水浒传》、《西游记》也悉数上榜。此外，《百年孤独》、《追忆似水年华》、《尤利西斯》、《瓦尔登湖》等外国名著也跻身前10名之列。

美国作家爱默生对读者提出3条实用准则：第一，决不阅读任何写出来不到一年的书；第二，不是名著不读；第三，只读你喜欢的书。我国学者余秋雨也说：要精读书，有选择地读，千万不要滥读，对不爱读书的人，我劝他多读，而对爱读书的人，我劝他要少而精。郭沫若和胡适都说过类似的话，即“书桌上不要出现第二本书”，讲的就是这个道理。

当然，每个人都有自己的阅读兴趣，关键是坚持读书，养成读书的习惯。鲁迅先生在《读书杂谈》里曾表示，嗜好的读书，该如爱打牌的一样，天天打，夜夜打，连续的去打，有时被警察捉去了，放出来之后还是打。“诸君要知道真打牌的人的目的并不在赢钱，而在有趣。牌有怎样的有趣呢，我是外行，不大明白。但听得爱赌的人说，它妙在一张一张的摸起来，永远变化无穷。我想，凡嗜好的读书，能够手不释卷的原因也就是这样。他在每一页每一页里，都得着深厚的趣味。自然，也可以扩大精神，增加智识的，但这些倒都不计及，一计及，便等于意在赢钱的博徒了，这在博徒之中，也算是下品。”[1]有读书习惯的国民越多，一个国家的文化影响力也越有保障。

（四）如何推进全民读书

当前，世界主要发达国家都将国民阅读能力视为国家综合的要素之一。例如，美国的国民阅读运动始于20世纪70年代。1977年，美国国会通过一项法律，批准在国会图书馆内设立图书中心。1998年，时任总统克林顿签署了《阅读卓越法》，将阅读教育纳入法制化轨道。2011年，美国联邦教育部资助各民间组织开展“提高全美读写能力”的主题活动。英国全民阅读推广活动发端于20世纪80年代末期，其主要形式为：政府通过国家公共图书馆给地方（社区）图书馆提供发展基金，支持其举办一些文学作品的推广活动。英国于1998年9月发起第一个“国家阅读年”，旨在促进鼓励全民阅读。2008年1月，英国发起了第二个国家阅读年活动，政府为此资助3700万英镑。韩国早在1994年就颁布了《图书馆及读书振兴法》。2006年，韩国又制定了《阅读文化振兴法》。2008年，首个推进阅读的5年计划出台。俄罗斯人以喜欢读书著称。不论在首都莫斯科，还是在其他城市，不论在公园里，还是在地铁车厢内，到处可见有人在读书或看报。1.4亿俄罗斯人的私人藏书就有200亿册，每个家庭平均藏书近300册。2006年俄罗斯发布了《国家支持与发展阅读纲要》。另外，俄罗斯在全国范围内有一个大型社会组织——全俄书籍爱好者志愿协会，简称书迷协会，总部设在莫斯科。书迷协会在组织读书、藏书和交流方面，在普及科学文化知识方面以及培养人们读书兴趣和良好风尚方面，确实起到了积极作用。

四、最深沉的精神追求：传承和弘扬优秀传统文化

中国共产党是中华优秀传统文化的传承者和弘扬者。毛泽东曾经

①《鲁迅全集》第3卷，人民文学出版社2005年版，第458页。

明确指出:“今天的中国是历史的中国的一个发展;我们是马克思主义的历史主义者，我们不应当割断历史。从孔夫子到孙中山，我们应当给以总结，承继这一份珍贵的遗产。”[①]2013 年 3 月，习近平在十二届全国人大一次会议闭幕会上发表讲话说，中华民族具有 5000 多年连绵不断的文明历史，创造了博大精深的中华文化，为人类文明进步作出了不可磨灭的贡献。经过几千年的沧桑岁月，把我国 56 个民族、13 亿多人紧紧凝聚在一起的，是我们共同经历的非凡奋斗，是我们共同创造的美好家园，是我们共同培育的民族精神，而贯穿其中的、最重要的是我们共同坚守的理想信念。2013 年 8 月，在全国宣传思想工作会议上，习近平同志再提传统文化：讲清楚中华文化积淀着中华民族最深沉的精神追求，是中华民族生生不息、发展壮大的丰厚滋养；中华民族创造了源远流长的中华文化，中华民族也一定能够创造出中华文化新的辉煌。2013 年 11 月 26 日，习近平同志到曲阜孔府考察，并来到孔子研究院，桌子上摆放着展示孔子研究院系列研究成果的书籍和刊物，他一本本饶有兴趣地翻看，将《孔子家语通解》和《论语诠解》这两本书拿起来翻阅时说，“这两本书我要仔细看看。”习近平随后同有关专家学者代表座谈，听取他们发言后表示，中华民族有着源远流长的传统文化，也一定能创造中华文化新的辉煌。研究孔子和儒家思想要坚持历史唯物主义立场，坚持古为今用，去粗取精，去伪存真，因势利导，深化研究，使其在新的时代条件下发挥积极作用。

传承和弘扬优秀传统文化，需要坚持科学的态度。毛泽东在《新民主主义论》一文中指出了对待中国传统文化的正确态度：“中国的长期封建社会中，创造了灿烂的古代文化。清理古代文化发展过程，剔除其封建性的糟粕，吸收其民主性的精华，是发展民族新文化提高民族自信心的必要条件；但是决不能无批判地兼收并

①《毛泽东选集》第 2 卷,人民出版社 1991 年版,第 534 页。

蓄。必须将古代封建统治阶级的一切腐朽东西和古代优秀的人民文化即多少带有民主性和革命性的东西区别开来。中国现时的新政治新经济是从古代的旧政治旧经济发展而来的，中国现时的新文化也是从古代的旧文化发展而来，因此，我们必须尊重自己的历史，决不能割断历史。但是这种尊重，是给历史以一定的科学地位，是尊重历史的辩证法的发展，而不是颂古非今，不是赞扬任何封建毒素。”①传承和弘扬优秀传统文化，要注意学习和借鉴国外优秀文化成果。中华民族从来不是保守的，而是敢于学习，善于学习、兼容并包的。战国时期的赵武灵王“胡服骑射”的军事改革，使赵国迅速强大起来。北魏孝文帝时期，努力向先进文化学习，积极推行汉化改革，改鲜卑氏姓为汉姓，统一使用汉语，穿汉服，鼓励与汉人通婚，移风易俗，国力大盛。为学习海外文化，玄奘远赴天竺（今印度），历尽千辛万苦，带回大量佛经。归国后又费时20年翻译佛经，为中外文化交流做出了巨大贡献。明代郑和七下西洋，促进了中国与亚非各国经济、文化交流。晚清时期，太平天国的洪仁玕撰写《资政新篇》；洋务派提出学习西方先进技术；严复翻译了《天演论》《原富》《法意》等书，较系统地介绍西方资产阶级先进思想。“民族魂”鲁迅先生，更是强调“拿来主义”，勇于借鉴国外先进文化，实现民族富强。随着改革开放的不断深入，在中国特色社会主义道路上，我们一定会把优秀传统文化发扬光大。

五、“走出去”的步伐：提升国家文化软实力

党的十八届三中全会强调，“建设社会主义文化强国，增强国家文化软实力，必须坚持社会主义先进文化前进方向，坚持中国特色社会主义文化发展道路，培育和践行社会主义核心价值观，巩固马克思主义在意识形态领域的指导地位，巩固全党全国各族人民团

①《毛泽东选集》第2卷，人民出版社1991年版，第707-708页。

结奋斗的共同思想基础。坚持以人民为中心的工作导向，坚持把社会效益放在首位、社会效益和经济效益相统一，以激发全民族文化创造活力为中心环节，进一步深化文化体制改革。”[①]2013 年 8 月 19 日，习近平在全国宣传思想工作会议上发表重要讲话指出：对世界形势发展变化，对世界上出现的新事物新情况，对各国出现的新思想新观点新知识，我们要加强宣传报道，以利于积极借鉴人类文明创造的有益成果。要精心做好对外宣传工作，创新对外宣传方式，着力打造融通中外的新概念新范畴新表述，讲好中国故事，传播好中国声音。

近年来，中国的国际形象传播工作逐步在加强。2011 年初，中国国家形象片（人物篇）在美国纽约时报广场展示。30 秒短片，20 多天，8000 多次高密度传播，中国政府借助具有世界影响力的中国各界名人展示国家形象。2012 年 8 月起，美国纽约时报广场又首次出现了由一家中国公司长期租用的大型户外液晶显示屏，《纽约时报》把这称为在“世界十字路口”打开的“中国之窗”。2013 年 8 月底到 9 月初，中国人民大学形象片在美国纽约时报广场纳斯达克广告屏上播出。这是中国一流高校首次在国际上以播出形象片的方式展现学校形象。伴随中国的迅速发展，外国受众越来越希望看到一个丰满真实的“中国形象”，这不仅折射出外界对中国发展前景的关注，也体现出中国自身对增强国家文化软实力的积极探索。

近年来，我国文化走出去取得了显著成效。2013 年 9 月，中国（上海）自由贸易试验区总体方案出台，“加快对外文化贸易基地建设”等多项文化相关政策被列入其中。2013 年 5 月，第九届中国（深圳）国际文化产业博览交易会共有 93 个国家和地区的 16347 名海外采购商参会；1665.02 亿元的总成交额中，出口成交额达到

---

①《中国共产党第十八届中央委员会第三次全体会议文件汇编》，人民出版社 2013 年版，第 58 页。

123.82亿元。10月，第十五届中国上海国际艺术节开幕，一个月里迎来了来自42个国家和地区的47台剧目，逾15万观众走进剧场，共有来自38个国家与中国港澳台地区的代表参加演出交易会，其中国外机构为105家，更有爱丁堡艺术节、墨尔本艺术节、美国主要大学城演艺中心联盟等40余家“重量级”买家，最终达成255项合作意向。新闻出版业“走出去”提升了国际传播力、竞争力和影响力。10年间，我国对美、加、英、法、德5个西方传统发达国家输出图书版权总量增长近122倍，达到2213项，逆差从1∶387缩小至1∶4。版权输出的产品形态从过去单一的图书、期刊版权拓展到报纸、音像电子、数字版权等多种形态。①中国文化的国际影响力越来越大。

提高文化软实力要增强文化自信，要树立全球视野，科学制定文化发展战略，不断创新文化传播方式，切实提高文化影响力，才能在未来的文化竞争中立于不败之地。

①金晶:《文化2013:文化走出去,心态成熟迈大步》,《经济日报》2014年1月3日。

后 记

2014年3月5日第十二届全国人大二次会议开幕，国务院总理李克强代表国务院作《政府工作报告》。国际主流媒体广泛关注李克强任内首份《政府工作报告》。英国路透社5日报道称：通过《政府工作报告》，中国政府发出迄今最强烈的信号，显示出中国经济将转向注重平衡和环保型发展，降低低产能行业投资，并向“污染”宣战。《华尔街日报》则撰文强调：中国政府在每年的人大会议期间制定当年的经济政策，今年的增长目标与过去两年的目标一致，与过去20年每年在7%至8%之间的目标也大致相当，所有这一切都明显释放出稳定性和持续性的信号。墨西哥主流报纸《至上报》发表题为《中国寻求可持续发展中的经济增长》的文章。文章称，中国国务院总理李克强在第十二届全国人民代表大会第二次会议上所作的《政府工作报告》，向外界释放出一个清晰的信号，那就是中国将朝着更平衡更清洁的经济增长方式发展，承诺向污染宣战，扩大内需以寻求一个更加可持续的经济增长模式。

通过国际主流媒体的评价，我们可以看到，2014年的《政府工作报告》至少有三大亮点：第一，勇于深化改革的决心。报告始终抓住改革开放这一中国发展的强大动力部署各项工作。报告指出：改革是最大的红利。当前改革已进入攻坚期和深水区，必须紧紧依靠人民群众，以壮士断腕的决心、背水一战的气概，冲破思想观念的束缚，突破利益固化的藩篱，以经济体制改革为牵引，全面深化各领域改革。要从群众最期盼的领域改起，从制约经济社会发展最突出的问题改起，从社会各界能够达成共识的环节改起，使市场在资源配置中起决定性作用和更好发挥政府作用，积极推进有利于结构调整的改革，破除制约市场主体活力和要素优化配置的障碍，让全社会创造潜力充分释放，让公平正义得以彰显，让全体人民共享改革发展成果。第二，保持经济在合理区间运行的信心。为什么保持经济有一个合理的增长速度？李克强在 3 月 13 日答记者问时指出："我们之所以把经济增长率定在 7.5%左右，考虑的还是保就业、惠民生，增加城乡居民收入。GDP 必须保证比较充分的就业，使居民收入有增长。"我们能够保持这样一个经济增长速度的依据在于：中国有充满活力的社会主义基本经济制度，有日益完善的社会主义市场经济体制，有改革开放 30 多年的宝贵经验，有亿万人民群众的首创精神。还有正在释放的十几亿人口蕴藏的巨大消费潜力等。第三，造福民众的真心。《政府工作报告》中处处透着为民造福的举措：确保谷物基本自给、口粮绝对安全，把 13 亿中国人的饭碗牢牢端在自己手中；经过今明两年努力，要让所有农村居民都能喝上干净的水；我们要继续向贫困宣战，决不让贫困代代相传；使农业转移人口和城镇居民共建共享城市现代文明；为下一代提供良好的教育，努力使每一个孩子有公平的发展机会；要坚定不移推进医改，用中国式办法解决好这个世界性难题；坚持建机制、补短板、兜底线，保障群众基本生活，不断提高人民生活水平和质量；努力实现更加充分、更高质量就业，使劳动者生活更加体面、更有尊严；使城乡居民收入与经济同步增长，广大人民群众普遍感受到得实惠；让每一个身处困境者都能得到社会关爱和温暖；用最严格的监管、最严厉的处罚、最严肃的问责，坚决治理餐桌上的污染，切实保障"舌尖上的安全"。

为了全面、系统地解读李克强总理在第十二届全国人大二次会议上所作的《政府工作报告》的内容，我们组织编写了这本《2014 政策热点面对面》。编写的分工如下：辛向阳撰写了第一篇，陈建波撰写了第二、四、五、十二篇，颜玫琳撰写了第三篇，刘志昌撰写了第六、七、十篇，梁孝撰写了第八、九、十一篇。辛向阳负责全书设计和统稿。

由于作者水平有限，书中如有不当的地方，敬请读者批评指正。

作 者

2014 年 3 月 20 日